AF391185

CONSEIL DE PRÉFECTURE DE LA SEINE

MILLION, GUIET & CIE

CONTRE

LA VILLE DE PARIS

PARIS

IMPRIMERIE VALLÉE, 15, RUE BREDA

1363

Mᵉ **BENOIST**

Avoué des Demandeurs

PRÉFECTURE

de

DÉPARTEMENT DE LA SEINE

—

VILLE DE PARIS

—

NIVELLEMENT DES SEUILS

DE LA PROPRIÉTÉ

boulevard, n° 5

à l'angle

de la rue Saint-André

A PASSY

PONTS ET CHAUSSÉES

SERVICE MUNICIPAL

Service de la Voie publique et des Promenades et Plantations

(1re SECTION. — 2e ARRONDISSEMENT.)

L'Ingénieur ordinaire soussigné,

Vu la demande de nivellement qui lui a été communiquée pour la fixation sur la voie publique des seuils de la propriété indiquée ci-contre, appartenant à MM. Million, Guiet et Cie;

Vu le règlement du 31 mai 1856 sur les nivellements;

Vu le décret du 26 mars 1852;

Considérant que la rue dont il s'agit n'est pas pourvue d'un égout, que dès lors l'art. 6 du décret du 26 mars 1852 relatif à l'écoulement direct des eaux pluviales et ménagères ne peut recevoir immédiatement son application;

Est d'avis qu'il y a lieu de statuer dans les termes ci-après :

« Nous, Préfet, etc.;

» Vu la demande, etc.;

» Vu le règlement, etc.;

» Vu le décret, etc.;

» Vu le rapport, etc.

» ARRÊTONS :

» ART. 1er. La ligne d'intersection du plan du trottoir avec le mur de face de ladite propriété sera établie aux cotes suivantes du nivellement de la mer, savoir :

13,087

A l'extrémité de la propriété sur la rue Saint-André, à la cote 63,26;

A l'angle commun à la rue Saint-André et au boulevard, n° 7, à la cote 60,78, et

A l'autree xtrémité sur le boulevard, n° 5, à la cote 60,94.

» Art. 2. La vérification de ces ordonnées sera rapportée au repère placé près de là sur le mur de ronde, et dont la cote est de 67,49.

» Art. 3. Le propriétaire devra se conformer aux dispositions du règlement du 14 juillet 1847. Il devra notamment informer du placement de ses seuils les ingénieurs ordinaires, qui demeurent avenue de Plaisance, n° 3, et rue de Belle-chasse, n° 14.

» Art. 4. Ampliation du présent arrêté sera adressée :

» 1° Aux demandeurs;

» 2° Aux ingénieurs en chef du service de la voie publique et des promenades, chargés d'en surveiller l'exécution.

» Fait à Paris, le 8 décembre 1858. »

PROTESTATION

DE

MM. MILLION, GUIET & CIE

L'an mil huit cent cinquante-neuf, le 6 janvier, à la requête de MM. Million, Guiet et Cie, demeurant à Paris rue de Montholon, no 26, pour qui domicile est élu en ma demeure;

J'ai, Louis-Auguste Potin, huissier près le Tribunal civil de la Seine, séant à Paris, y demeurant, rue Montmartre, no 64,

Soussigné, signifié et déclaré à M. le Sénateur, Préfet de la Seine, au nom et comme représentant de la Ville de Paris, en ses bureaux, sis à l'Hôtel-de-Ville de ladite Ville, où étant et parlant à M. Read, agent judiciaire, requérant visa;

Que d'après la demande que les requérants ont faite, ils ont reçu un alignement et un nivellement auxquels ils doivent se soumettre pour édifier une nouvelle construction en façade sur le boulevart de Passy et sur la rue Saint-André, formant le complément de leur usine de carrosserie, se croient en droit de protester contre cette décision qui lèse d'une manière aussi fâcheuse leurs intérêts;

Que l'alignement leur est très-préjudiciable, en ce qu'il diminue considérablement l'étendue sur laquelle ils doivent élever de nouvelles constructions, étendue qui est déjà excessivement restreinte pour leurs besoins;

Que le nivellement est désastreux pour les requérants, en ce qu'il les oblige à faire les constructions à plus de cinq mètres au-dessous des anciennes, et rendent ainsi impossible toute communication entre les deux parties;

Qu'en les soumettant à ce niveau, la Ville les oblige à faire des frais de terrassements énormes, et les force, jusqu'à l'achèvement du boulevard projeté, à s'enterrer dans un puits sans accès, les condamnant ainsi à une immersion certaine, faute de pouvoir écouler leurs eaux;

Que pour obvier à un pareil état de choses, qui pourrait durer fort longtemps, si l'on en juge par tous les projets qui n'ont été mis à exécution que nombre d'années après avoir été décrétés, et pour ne pas entraver leur industrie qui réclame impérieusement ce complément d'organisation, leur intérêt exige qu'ils construisent immédiatement sur le sol actuel, laissant la Ville passible du préjudice qu'elle pourrait leur occasionner par suite de ses changements futurs;

Qu'ils réclament, en outre, que l'étendue des terrains que la Ville leur prend par suite de l'alignement nouveau, et dont elle fait acte de possession, en leur ôtant la faculté de s'en servir, leur soit immédiatement remboursée au prix d'estimation.

Dont acte que les requérants ont signé avec moi, et j'ai, aux susnommés, en parlant comme dessus, laissé cette copie.

Coût, six francs quarante centimes.

Million, Guiet et Cie,

POTIN.

RAPPORT

PONTS ET CHAUSSÉES

SERVICE MUNICIPAL

SERVICE DES PROMENADES ET PLANTATIONS

(1er ARRONDISSEMENT)

PROCÈS-VERBAL DE GRANDE VOIRIE

Le 7 juin 1859, à 8 heures du matin, nous Antoine-Pierre Seilheimer, conducteur des ponts-et-chaussées attaché au 1er arrondissement des promenades et plantations du service municipal, étant en tournée de service, avons constaté que les bâtiments récemment élevés en façade sur le boulevard de Passy à l'angle de la rue Saint-André et destinés à former complément aux ateliers de carrosserie déjà existants, étaient établis en prenant pour nivellement le terrain actuel, au lieu de l'être ainsi qu'il était prescrit par l'arrêté de M. le Préfet de la Seine, en date du 8 décembre 1858.

Il en résulte que le seuil de l'entrée principale de ces bâtiments étant à 65^m 85 au-dessus du niveau de la mer au lieu de l'être à 59^m 48, on s'est établi à 6^m 41 au-dessus du plan fixé.

Les auteurs de ce délit sont les sieurs Million, Guiet et Ce, domiciliés à Paris, rue Montholon, 26, lesquels par assignation signifiée à M. le préfet de la Seine en date du 6 Janvier 1859, ont réclamé contre le nivellement qui leur avait été fixé.

En conséquence, avons dressé le présent procès-verbal, à l'effet d'appeler qui de droit à prononcer contre lesdits sieurs Million, Guict et Cᵉ les dommages et amendes voulus par les lois et règlements sur la matière.

Passy-les-Paris, le 7 juin 1859.

SEILHEIMER.

Vu et approuvé.

Vue générale de l'usine de carrosserie de MM. Million, Guiet et Cⁱᵉ, avant les travaux de la Ville.

Vue de l'accès principal de l'usine sur le boulevard et du passage desservant le chantier des bois, après les travaux de la Ville.

Vue de l'escalier reliant la partie déjà abaissée de la rue Saint-André avec la partie restant à abaisser, suivant le plan général du quartier.

Paris, 24 juin 1861.

REQUÊTE

DE

MM. MILLION, GUIET ET CIE

A

MM. les Membres du Conseil de Préfecture de la Seine.

MESSIEURS,

MM. Million, Guiet et Ce, fabricants de carrosserie, demeurant à Paris, rue Montholon, n° 26, ont l'honneur de vous exposer les faits suivants :

MM. Million, Guiet et Ce sont propriétaires d'un vaste terrain situé à Paris, ancienne commune de Passy, boulevard du Roi de Rome (ci-devant boulevard de Passy). Ce terrain a été acquis par eux pour y établir leur usine de carrosserie. Une première acquisition de 3,833 mètres n'ayant pas suffi, ils en firent une seconde de 924 mètres 70 centimètres, devenue nécessaire, tant par suite de l'accroissement de leurs affaires que par suite du retranchement qui leur avait été imposé sur la façade (296 mètres).

L'emplacement avait été choisi par eux dans des conditions de convenance toutes particulières à la proximité des Champs-Elysées, centre du commerce de carrosserie, au milieu de la population ouvrière attachée à cette industrie, non loin du centre même de Paris et à une distance telle de la rue Montholon (siége de leur société) que les commissionnaires et acheteurs, au lieu de se contenter de voir les modèles dans les bureaux de la rue Montholon, pouvaient en quelques minutes être transportés aux ateliers de fabrication et choisir sur place avec connaissance de cause.

MM. Million, Guiet et Ce avaient réuni sur le même emplacement et dans un même ensemble tous les corps d'état se rattachant à la carrosserie : ateliers de menuiserie, de forge, de charronnage, de serrurerie, de garniture, de peinture, de plaqueur et de photographie ; ils ont tout sous la main ; ils achètent et entreposent chez eux à l'avance les bois nécessaires à leurs constructions ; on comprend facilement quelle économie cette disposition leur permettait de réaliser, d'une part, en rendant ainsi la surveillance beaucoup plus facile, et d'autre part, en les dispensant de recourir à des mains étrangères et spécialement à ce que l'on appelle les ouvriers piégards. Ils sont placés sur une voie publique large et spacieuse, par laquelle les gros bois de construction, les fardiers, les voitures ont un accès facile. Enfin, il suffit de parcourir l'établissement lui-même pour s'assurer de son extrême importance et des heureuses combinaisons qui avaient présidé à son agencement intérieur.

Tel est l'établissement dont les nivellements nouveaux adoptés par la Ville et les travaux en cours d'exécution sur le boulevard du Roi de Rome vont rendre l'exploitation impossible. C'est ce qui va résulter des faits suivants :

La propriété dont il s'agit est située à l'angle du boulevard du Roi de Rome et de la rue Saint-André ; elle a sa façade sur le boulevard ; une communication particulière et tout à fait secondaire donne sur la rue Saint-André.

Le nouveau sol du boulevard va être abaissé de $5^m,56$ en moyenne sur toute la façade ; il est manifeste que l'accès en sera désormais absolument impossible de ce côté. Dira-t-on qu'il restera un accès par la rue Saint-André et que conséquemment MM. Million, Guiet et C⁰ ne se trouvent pas dans les cas prévus par la loi ? La réponse à l'objection est des plus faciles. D'une part, le seul accès par la rue Saint-André est tout à fait insuffisant ; cette rue n'a que 5 mètres de chaussée, et il serait par conséquent impossible aux fardiers et aux voitures de transport d'y tourner et d'y circuler sans entraves. D'autre part, la rue Saint-André elle-même n'est pas destinée à conserver son niveau actuel, et cela se comprend, puisqu'elle aboutit par une de ses extrémités au boulevard, auquel elle ne pourra se relier que par un abaissement de plus de 5 mètres. Enfin, elle est indiquée aux plans comme devant subir un abaissement de 4 mètres à l'extrémité opposée au boulevard, et de $5^m,05$ au boulevard même, ce qui mettra de ce côté MM. Million, Guiet et C⁰ absolument dans la même situation que du côté du boulevard.

Tels sont les faits ; un mot maintenant sur l'application du droit. Y a-t-il pour MM. Million, Guiet et C⁰ dommage direct et matériel ? Le Conseil d'Etat a reconnu dans maintes décisions, et spécialement dans une décision toute récente du 8 mars 1861, qu'il y a dommage direct et matériel lorsqu'une maison, bâtie sur la voie publique, a à souffrir dans son accès. En effet, l'accès de la maison en constitue une dépendance si nécessaire, si essentielle, qu'il est vrai de dire que si on l'atteint dans son accès, c'est bien le cas de l'atteinte *directe* et matérielle. Et si la jurisprudence l'a admis alors qu'il s'agissait de modifications d'accès qui n'intéressaient qu'assez faiblement les industries des réclamants (dans une espèce, un magasin de nouveautés auquel on n'accédait plus que par des marches), combien à plus forte raison ne devra-t-elle pas consacrer la même doctrine lorsqu'il s'agit de fabricants de carrosserie, pour lesquels l'accès facile avec voitures et fardiers est la condition première et absolument indispensable de l'exercice de leur industrie.

C'est dans ces circonstances que MM. Million, Guiet et C⁰ concluent à ce qu'il vous plaise ordonner qu'il sera procédé à la vérification des lieux, à la constatation des modifications apportées par les plans de la Ville aux accès de la fabrique sise à Paris, boulevard du Roi de Rome, au coin de la rue Saint-André, et condamner la ville de Paris à leur payer des dommages-intérêts à donner par état, et aux dépens.

C. Benoist, avoué.

Département de la Seine

VILLE DE PARIS
—
AVENUE DU ROI DE ROME
et
RUE SAINT-ANDRÉ
—
RÉCLAMATION
de
MM. MILLION, GUIET & C°
relative
aux déblais exécutés par la Ville

PONTS ET CHAUSSÉES

SERVICE MUNICIPAL DES TRAVAUX PUBLICS DE PARIS

SERVICE DES PROMENADES ET PLANTATIONS
(1ᵉʳ Arrondissement)

RAPPORT DE L'INGÉNIEUR ORDINAIRE

MM. Million, Guiet et C° exposent à M. le Préfet de la Seine qu'ils ont acquis un terrain formant l'angle de l'avenue du Roi de Rome et de la rue Saint-André, afin d'y établir un atelier de carrosserie; que l'abaissement de plus de 5 mètres du niveau du boulevard, au droit de leur propriété, leur causera un tort d'autant plus grand que l'entrée qu'ils ont de ce côté est destinée à l'arrivage de leurs bois de charpente, dont l'approvisionnement est impossible par la rue Saint-André, cette rue devant également être abaissée et étant trop étroite pour permettre aux fardiers de bois de tourner; ils ajoutent que cette gêne constitue un dommage direct et matériel, donnant droit à indemnité.

A ces divers arguments, il est facile de répondre qu'avant leur construction MM. Million, Guiet et C° ont demandé alignement et nivellement; le nivellement leur a été donné en prévision de l'abaissement futur du sol, et si les pétitionnaires n'ont pas voulu s'y conformer, ainsi que cela a été constaté par un procès-verbal en date du 4 mai 1859, ils ne peuvent du moins arguer qu'ils ont construit dans l'ignorance des projets de la Ville; ils n'avaient alors qu'une seule chose à faire : construire suivant les nivellements qui leur ont été donnés et signifier à la Ville d'avoir à déblayer au droit de leur établissement, ainsi que cela a eu lieu pour quelques propriétés voisines, rue Newton, rue Pauquet et sur l'ancien chemin de Ronde.

On peut ajouter que lorsqu'une administration ouvre une rue ou une route, elle contracte vis-à-vis des propriétaires limitrophes diverses servitudes réciproques, dont une est de *conserver les accès* et les droits de prises de jours. Mais, pourvu qu'elle conserve les uns et les autres, elle peut modifier les dimensions comme bon lui semble. C'est là ce qui arrive tous les jours, lorsqu'on déclasse une route et qu'on la rétrécit, ou bien qu'on modifie la chaussée en établissant des trottoirs et des plantations. Dans ces diverses circonstances, des fardiers de bois ne pourraient plus tourner pour entrer chez les riverains et ceux-ci n'auraient pas droit à indemnité. Il n'y a pas plus lieu à indemnité dans l'espèce qui nous occupe, celle de l'impossibilité de faire entrer des fardiers, par suite de l'abaissement de l'avenue du Roi de Rome, l'accès de la propriété étant maintenu sur la rue Saint-André ; cette rue, contrairement aux assertions des pétitionnaires, ne sera abaissée en effet que du côté de l'avenue du Roi de Rome, et restera à son niveau actuel, à sa rencontre avec la rue du Bel-Air. Il sera donc possible de conserver l'entrée des ateliers de MM. Million, Guiet et Ce sur cette rue, qui est leur principale voie d'accès, la porte sur l'avenue du Roi de Rome ne servant même actuellement que très-rarement à leur industrie. On ne voit pas, d'ailleurs, en quoi des carrossiers, qui n'emploient du bois que de 3 ou 4 mètres de longueur au maximum et encore très-rarement, ont besoin de pouvoir faire entrer chez eux des voitures chargées de pièces ne pouvant pas tourner dans une rue de 8 mètres de largeur.

L'ingénieur soussigné est en conséquence d'avis de rejeter la demande des pétitionnaires

Paris, le 6 juillet 1861.

Darcel.

Vu et adopté
par l'Ingénieur en chef soussigné,

Paris, le 8 juillet 1861.

Alphand.

Vu, adopté et présenté
par l'Inspecteur général, directeur soussigné,

Paris, le 15 juillet 1861.

Michal.

3ᵉ DIVISION

—

2ᵉ Bureau

—

DEMANDE D'INDEMNITÉ

Pour abaissement

DE LA VOIE PUBLIQUE

—

**Avenue du Roi de Rome
et rue Saint-André**

—

MM. MILLION, GUIET ET Cⁱᵉ

PRÉFECTURE DU DÉPARTEMENT DE LA SEINE

Paris, 6 septembre 1861.

RAPPORT AU CONSEIL DE PRÉFECTURE

MESSIEURS,

Messieurs Million, Guiet et Cⁱᵉ, propriétaires d'un atelier de carrosserie établi à l'angle de l'avenue du Roi de Rome et de la rue Saint-André, ont adressé au Conseil, le 24 juin dernier, une requête tendant à obtenir une indemnité à raison du dommage que leur causera l'abaissement du niveau de l'avenue au droit de leur établissement.

Ils exposent que l'entrée de leur atelier du côté de l'avenue est destinée à l'arrivage de leurs bois de charronnage, dont ils prétendent que l'approvisionnement est impossible par la rue Saint-André, cette rue devant être, suivant eux, également abaissée, et étant trop étroite pour permettre aux fardiers de bois de tourner.

Le bureau a l'honneur de faire tout d'abord remarquer au Conseil l'inexactitude de ces allégations. En effet, la rue Saint-André doit rester à son niveau actuel à sa rencontre avec la rue du Bel-Air; l'entrée des ateliers peut donc être conservée sur cette rue, qui a une largeur de 8 mètres, parfaitement suffisante pour que des voitures chargées de pièces de bois n'ayant jamais plus de trois ou quatre mètres de longueur puissent tourner et entrer dans les ateliers. Cette rue est d'ailleurs leur principale voie d'accès, la porte sur l'avenue du Roi de Rome ne servant, même actuellement, que très-rarement à l'industrie des requérants.

Au surplus, il est impossible de reconnaître en la cause le caractère de dommage direct et matériel donnant droit à une indemnité.

Le droit de la Ville de modifier dans un intérêt général le profil de la voie publique, tout en ménageant l'accès des propriétés riveraines, est absolu ; le système contraire rendrait impossible l'entreprise par la Ville, aussi bien que par l'administration publique, de tous travaux d'amélioration des rues, chemins et routes. Or, il vient d'être démontré qu'en fait, les intérêts des requérants sont sauvegardés.

Il est bon aussi de faire observer que les requérants ont construit en parfaite connaissance des projets de la Ville, et qu'un procès-verbal, dressé le 7 juin 1859, constate qu'ils n'ont tenu aucun compte des cotes de nivellement qui leur ont été notifiées, suivant un arrêté préfectoral du 8 décembre 1858.

Par ces motifs, le bureau a l'honneur de proposer au Conseil de rejeter purement et simplement, comme n'étant pas fondée, la demande de Messieurs Million, Guiet et Cie.

Le chef de la 3me division :
TRONCHON.

Paris, le 24 octobre 1861.

MÉMOIRE EN RÉPLIQUE

ADRESSÉ PAR

MM. MILLION, GUIET ET CIE

A

MM. les Membres du Conseil de Préfecture de la Seine.

MESSIEURS,

Le rapport qui vous a été adressé au nom de la ville de Paris, en réponse à la demande de MM. Million, Guiet et Ce, conclut au rejet de cette demande.

Ce rapport et celui de l'ingénieur ordinaire, qui l'a précédé, invoquent trois arguments, qui sont les suivants :

1° MM. Million, Guiet et Ce ont construit en connaissance de cause ;

2° Les travaux dont il s'agit ne constituent pas un dommage direct et matériel ;

3° La rue St-André leur conservera l'accès tel qu'il existe aujourd'hui de ce côté, et cet accès est suffisant.

Peu de mots suffisent pour répondre à chacun de ces chefs d'objection.

SUR LE PREMIER CHEF :

MM. Million, Guiet et Ce, dit-on, ont construit en connaissance de cause ; on leur a donné en 1858 un nivellement en prévision de l'abaissement futur du sol. Ils n'avaient qu'une chose à faire, construire suivant les nivellements qui leur avaient été donnés, et signifier à la Ville d'avoir à déblayer au droit de leur établissement, ainsi que cela a eu lieu pour quelques propriétés voisines.

Cela revient à dire que MM. Million, Guiet et Ce devaient commencer par opérer un déblai de six mètres de profondeur, puis construire dans le trou qu'ils auraient ainsi formé, sauf à mettre la Ville en demeure de faire au droit de leur propriété le même déblai. — Qui ne comprend de suite qu'il y avait là une double impossibilité : pour les pétitionnaires, de construire dans un véritable puits sans écoulement et sans accès possible ; pour la Ville, d'opérer un déblai qui aurait eu pour conséquence de couper le boulevard et d'en rendre le passage absolument impraticable ? Aussi, cette objection, sur laquelle M. l'Ingénieur ordinaire s'appuie principalement, n'est-elle énoncée qu'avec une certaine timidité par le rapport du bureau, et il suffit en conscience d'énoncer le fait pour la repousser d'une façon péremptoire. Il y a trois ans que ce nivellement a été indiqué, et à l'heure qu'il est le sol du boulevard n'a point encore changé.

SUR LE DEUXIÈME CHEF.

La réponse à cette seconde objection a été faite par avance ; elle se trouve dans la décision déjà citée du Conseil d'Etat, en date du 8 mars 1861.

SUR LE TROISIÈME CHEF.

La Ville soutient que la rue Saint-André doit rester à son niveau actuel à sa rencontre avec la rue du Bel-Air, et que conséquemment l'entrée des ateliers peut être conservée sur cette rue.

On voudrait par cette allégation établir dans l'esprit de MM. les Conseillers une confusion qu'il importe de détruire.

En fait, la rue Saint-André devra se relier avec le boulevard nouveau, lequel subit à son point de jonction avec ladite rue un abaissement de 5 m. 05. Elle a une longueur de 100 m. environ. Comment expliquer dès lors que son niveau actuel sera conservé du côté de la rue du Bel-Air ? De deux choses l'une : ou elle offrira une pente rapide de 5 m. sur une longueur de 100 m., ou il faudra bien qu'elle soit abaissée à ses deux extrémités, et que la rue du Bel-Air elle-même subisse un abaissement.

Il est inutile d'examiner ce dernier cas, puisqu'il est nié formellement par l'administration. Si la première hypothèse se réalise, l'objection faite aux pétitionnaires tombe d'elle-même ; et en effet, il ne suffit pas que, dans les quelques mètres qui précèdent la jonction de la rue Saint-André avec la rue du Bel-Air, le niveau actuel soit à peu près conservé ; l'entrée des ateliers actuellement existante sur la rue Saint-André, entrée tout à fait secondaire, ainsi qu'on va le voir, est située à peu près vers le milieu de la rue. Il faut bien en conclure qu'à cet endroit le sol actuel sera baissé de 2 m. 50 ou 2 m. 75, qui représentent moitié de l'abaissement le plus grand que devra subir la rue dont il s'agit.

Soutiendra-t-on encore qu'avec un pareil abaissement, l'entrée sera tout aussi commode qu'elle l'est actuellement et qu'il n'y aura aucun préjudice pour les pétitionnaires ?

Il faut aller plus loin. Supposons un moment que la rue Saint-André soit conservée absolument telle qu'elle est aujourd'hui, et que les travaux de la Ville supprimeront la double entrée existante sur le boulevard, sans rien changer à l'accès tel qu'il existe du côté de la rue Saint-André. Dans ce cas encore, l'exploitation de l'usine est impossible, et tout au moins il faudrait en remanier complétement la distribution, ce qui entraînerait des dépenses considérables.

La vue seule des lieux pourrait convaincre MM. les membres du Conseil de Préfecture de l'importance du préjudice qui serait causé à MM. Million, Guiet et C°.

Les divers ateliers ont été disposés de telle sorte que tous les gros bois entrent par le boulevard, et tout le service principal se fait de ce côté. Chaque corps d'état qui concourt à la confection des voitures se trouve placé suivant un ordre qui serait complétement bouleversé. Il faudrait déplacer les machines à vapeur, les ateliers de sellerie et autres, transporter le magasin des bois d'un autre côté.

Il faudrait donc démolir les constructions qui existent de ce côté, et qui sont actuellement consacrées aux bureaux. En un mot, ce serait un remaniement complet ; il faudrait faire en quelque sorte table rase de toutes les constructions et de tous les agencements actuels, pour rebâtir une usine absolument nouvelle.

En présence de ces faits, MM. Million, Guiet et C° ne peuvent que persister dans les conclusions de leur demande.

BENOIST. Avoué.

PRÉFECTURE DU DÉPARTEMENT DE LA SEINE

CONSEIL DE PRÉFECTURE

Séance du mercredi 20 novembre 1861]

Présents : MM. LOYSEL, Sylvain MARIE, VARCOLLIER, NOYON et LANÇON
Conseillers de Préfecture

LE CONSEIL,

Vu la requête du 24 juin 1861 par laquelle les sieurs Million, Guiet et Cⁱᵉ, fabricants de carrosserie, demeurant rue Montholon, 26, et propriétaires d'un atelier situé boulevard du Roi de Rome, à l'angle de la rue Saint-André, demandent qu'il plaise au Conseil condamner la ville de Paris à leur payer des dommages-intérêts, par suite de l'abaissement de la voie publique au droit de leur propriété, boulevard du Roi de Rome, et subsidiairement ordonner la vérification des lieux et la constatation des modifications apportées par la ville de Paris aux accès de leur propriété sur ledit boulevard :

Vu en réponse et daté du 6 juillet 1861 le rapport de M. Darcel, ingénieur du service municipal de Paris ;

Vu le mémoire présenté le 6 septembre 1861 au nom de M. le Préfet de la Seine ; Ensemble les pièces jointes ;

Vu le mémoire en réplique adressé le 24 octobre 1861 par les sieurs Million, Guiet et Cⁱᵉ ;

Vu l'article 4 de la loi du 28 pluviose an 8 ;

Vu la loi du 16 septembre 1807 ;

Considérant que la demande des sieurs Million, Guiet et Cie a pour objet la réparation du dommage qu'ils prétendent avoir éprouvé par suite des travaux exécutés par la ville de Paris ;

Considérant que les allégations des demandeurs sont contredites par **M.** le Sénateur Préfet de la Seine et qu'il y a lieu dès lors de procéder conformément aux prescriptions de la loi du 16 septembre 1807 ;

ARRÊTE :

Il sera, par deux experts, dont un désigné par les sieurs Million, Guiet et Cie, et l'autre par M. le Sénateur Préfet de la Seine, procédé à la visite des lieux contentieux afin de vérifier si, comme le prétendent les sieurs Million, Guiet et Cie, les travaux exécutés par la ville de Paris leur ont causé un dommage direct et matériel dont il leur soit dû réparation, et en cas d'affirmative, d'évaluer l'indemnité à laquelle les demandeurs peuvent avoir droit.

Avant de procéder à leur opération, les experts prêteront serment conformément à la loi.

En cas de désaccord entre les experts, il sera procédé à une tierce expertise dans la forme prescrite par l'article 56 de la loi du 16 septembre 1807.

Sous la réserve expresse aux parties de tous leurs droits et moyens pour être statué par le Conseil ainsi que de droit.

Fait en Conseil, les jour, mois et an que dessus.

Signé à la minute :
Sylvain MARIE — LOYSEL — VARCOLLIER —
SEBIRE — LANÇON — NOYON.

Pour copie conforme :
Le Secrétaire général.
SÉGAUD.

PROCÈS-VERBAL

D'EXPERTISE CONTRADICTOIRE

POUR LES INDEMNITÉS DUES

A MM. MILLION, GUIET ET Cie

PAR SUITE DE L'ABAISSEMENT DU SOL DU BOULEVARD DU ROI DE ROME

AU DROIT DE LA PROPRIÉTÉ

L'an mil huit cent soixante-deux, le trois janvier et jours suivants, nous, Jean-Baptiste Guénepin, architecte, demeurant à Paris, rue Chabanais, 6, expert nommé par M. le Sénateur Préfet du département de la Seine, suivant son arrêté en date du douze décembre mil huit cent soixante et un;

Et nous, Pierre-Joseph Olive, architecte, demeurant aussi à Paris, rue Taitbout, 63, expert nommé par M. Million, Guiet et Ce, propriétaires de l'immeuble sis boulevard du Roi de Rome, à l'angle de la rue Saint-André, et demeurant rue Montholon, 26;

Vu l'arrêté de M. le Sénateur Préfet de la Seine, en date du 12 décembre 1861, au sujet des indemnités qui peuvent être dues aux propriétaires de l'immeuble ci-dessus désigné, ledit arrêté portant :

« Le Sénateur Préfet du département de la Seine, grand-officier de la Légion d'honneur,

» Vu la pétition par laquelle MM. Million, Guiet et Ce demandent une indemnité » pour abaissement du sol au droit de leur propriété, sise boulevard du Roi de » Rome;

» Vu le rapport de l'ingénieur en chef du service des promenades et plantations;

» Vu l'arrêté en date du 20 novembre dernier, par lequel le Conseil de Préfecture » décide qu'il sera procédé à une expertise contradictoire;

» Vu l'article 56 de la loi du 16 septembre 1807;

ARRÊTE :

ARTICLE PREMIER.

» Il sera procédé, sous toutes réserves de droit, à une expertise ayant pour objet
» de reconnaître et d'évaluer, s'il y a lieu, le dommage qui fait l'objet de la récla-
» mation ci-dessus visée.

ARTICLE DEUXIÈME.

» Cette expertise aura lieu contradictoirement entre M. Guénepin, que nous dési-
» gnons pour procéder dans l'intérêt de l'administration, et M. Olive, architecte-
» expert, nommé par les pétitionnaires.

ARTICLE TROISIÈME.

» Avant de commencer leurs opérations, les experts prêteront, entre les mains de
» l'un des membres du Conseil de Préfecture, délégué à cet effet, le serment de bien
» et fidèlement remplir leur mission.

» Ils auront égard, dans leur appréciation, à la plus-value que les travaux pour-
» raient avoir fait acquérir à la propriété ci-dessus désignée.

» Après avoir procédé à l'expertise et dans le cas où ils tomberaient d'accord, ils
» rédigeront un seul et même avis : dans le cas contraire, chacun d'eux donnera un
» avis séparé et motivé.

» Le procès-verbal constatant leurs opérations sera immédiatement transmis à
» l'Administration pour être communiqué à l'ingénieur en chef du service, chargé de
» procéder, s'il y a lieu, à une tierce expertise.

ARTICLE QUATRIÈME.

» Ampliation du présent arrêté sera adressée :

» 1° A M. Guénepin, rue Chabannais, 6 ;

» 2° A M. Olive, architecte, demeurant rue Taitbout, 63.

» Fait à Paris, le 12 décembre 1861.

» *Signé :* G.-E. HAUSSMANN.

» Par ampliation :

» *Le secrétaire-général* ,
» SÉGAUD.

» *Signé :* GUÉNEPIN.   *Signé :* OLIVE »

En conséquence, après avoir préalablement prêté serment entre les mains de M. Sylvain Marie, l'un des membres du Conseil de Préfecture, délégué à cet effet par M. le Sénateur Préfet du département de la Seine, nous nous sommes transportés à diverses reprises sur les lieux, objet de notre mission, nous en avons fait la visite la plus attentive, et après en avoir, chacun de nous, relevé les plans, coupes, élévations, et pris les mesures qui nous étaient nécessaires pour nous bien fixer sur la hauteur du déblai à effectuer, ainsi que sur la nature des travaux à faire et sur leur valeur, nous avons reconnu que cette propriété, limitée par deux voies publiques, un passage commun et les murs mitoyens, se compose :

DÉSIGNATION SOMMAIRE :

1° D'un corps de bâtiment en bordure sur le boulevard du Roi de Rome ;
2° A la suite, d'une cour principale ;
3° A gauche de cette cour, d'une construction en façade sur la rue Saint-André ;
4° A droite, d'une autre construction en façade sur le passage commun ;

5° D'une construction parallèle à la façade sur le boulevard,

6° D'une cour couverte à la suite, se prolongeant à droite et à gauche,

7° D'une cour de service dont l'accès est par la rue Saint-André ;

8° D'un grand chantier ;

9° D'un corps de bâtiment à gauche en façade sur la rue ;

10° D'un hangar à droite du chantier ;

11° Enfin, entre le chantier et le boulevard du Roi de Rome, un passage commun à cette propriété et les terrains situés à droite.

Dans l'intérieur de la propriété sont des fosses, lieux d'aisance, fourneaux, etc., le tout, d'ailleurs, conformément aux plans, coupes et élévations ci-annexés.

Signé : Guénepin,   Olive.

DESCRIPTION DÉTAILLÉE :

N° 1. — Le corps de bâtiment en façade sur le boulevard du Roi de Rome (ancien boulevard de Passy) est élevé sur terre-plein, d'un rez-de-chaussée et d'un premier étage, auquel on arrive par un escalier découvert situé à droite dans la cour principale ; le rez-de-chaussée est percé, côté de la voie publique, d'une grande baie de porte, au milieu, donnant accès aux voitures ; à droite et à gauche, une fausse porte percée par le haut, éclairant les magasins dits des voitures en blanc.

Le premier étage est éclairé par cinq baies de croisées, deux accouplées au-dessus des fausses-portes et une au-dessus de la porte principale, surmontée d'un attique avec sphère au-dessus supportant un aigle ; le comble, formant terrasse, a deux égouts couverts en zinc.

Sur la rue Saint-André et sur le passage des bois, c'est-à-dire en retour à chaque extrémité, ce même corps de bâtiment est percé, à rez-de-chaussée, d'une baie de croisée au-dessus d'une fausse porte et le premier étage de deux croisées accouplées.

Les murs extérieurs de ce corps de bâtiment sont construits en moellons piqués dans la hauteur du soubassement, le reste moellons, plâtre et fausse brique; l'intérieur est en pans de bois.

Ce corps de bâtiment est percé sur la cour de six baies, dont trois de portes; la première sert d'entrée principale.

Sous le passage, à droite et à gauche, sont des châssis vitrés. Les deux autres baies donnent accès aux magasins des voitures en blanc, le reste vitré.

Le sol de ces magasins est bitumé.

N° 2. — Cette construction, à gauche dans la cour et en façade sur la rue Saint-André, est construite en pans de bois : sur le plan elle est indiquée comme magasin des voitures achevées; elle est élevée sur terre-plein, d'un rez-de-chaussée avec comble au-dessus, système Pombla, couvert en zinc. Le rez-de-chaussée est percé au milieu d'une fausse baie de porte, ouverte seulement par le haut, à droite et à gauche de deux baies de croisées.

Sur la cour, le comble est soutenu par six montants en charpente formant sept baies, dont une de porte au milieu, et fermées de chaque côté par des châssis vitrés.

Le comble se prolonge dans la cour à peu près au tiers de la portion ouverte; cette portion sert de remise pour les voitures.

N° 3. — A droite, dans la cour, est une construction semblable, élevée sur terre-plein d'un rez-de-chaussée, couverture *idem*; elle est percée sur la cour de six baies dont une de porte, donnant accès à une partie des ateliers de forgerons et limeurs, lesquels se prolongent à gauche; sur les passages des bois, cette construction est éclairée par trois châssis vitrés.

N° 4. — Ce corps de bâtiment renferme à gauche, côté de la rue Saint-André, les magasins aux cuirs et finition des voitures; à droite, l'atelier de peinture; à la suite, un passage à droite duquel est la chambre aux vernis et le laboratoire de peinture; à la suite, vers le passage des bois, est la partie prolongée des ateliers de forgerons et limeurs. Ce corps de bâtiment est élevé sur terre-plein d'un rez-de-chaussée, couvert *idem* aux précédents. Il est percé sur la rue Saint-André de trois baies, dont une fausse-porte au milieu ouverte par le haut; au-dessus une petite baie de croisée ; à droite et à gauche et sur le passage des bois, deux châssis vitrés éclairent les ateliers des forgerons; sur la cour principale, ces différentes localités sont éclairées par sept baies dont deux de portes; celle de gauche donne accès à l'atelier de peinture, celle de droite à un passage communiquant à la cour couverte; dans la cour, et en saillie. sont une photographie, des latrines et un cabinet.

N° 5. — Le corps de bâtiment sur la rue Saint-André est élevé à la même hauteur que les précédents, couvert *idem*, mais avec petit entresol.

Le rez-de-chaussée comprend un passage pour les ouvriers, à droite duquel est le logement du concierge, un passage et un magasin de serrurerie ; à gauche, le cabinet de l'établissement avec bureau et caisse ; à la suite est le magasin des fournitures.

Cette construction est percée sur la rue Saint-André d'une grande baie de porte et d'une baie de croisée à droite et à gauche avec deux autres semblables au-dessus.

N° 6. — A gauche est la cour couverte servant aux ateliers; cette cour est bitumée.

N° 7. — A la suite est le prolongement des ateliers de forgerons, éclairés sur le passage des bois par deux châssis.

N° 8. — Cette construction est semblable à celle qui la précède, élevée sur terre-plein d'un rez-de-chaussée et d'un petit entresol; elle est percée sur la rue Saint-André, d'une grande baie donnant accès à un vestibule à gauche duquel est le logement du directeur, avec escalier y conduisant, et à droite aux parties décrites au n° 5.

N° 9. — A la suite est la salle des garnitures; cette partie est bitumée.

N° 10. — Cette partie de construction fait suite aux ateliers et renferme le charronnage, elle est éclairée par deux croisées sur le passage des bois et par des châssis sur le comble Pombla.

N° 11. — Cette portion du plan comprend une longue cour de service à droite de laquelle est une écurie et à la suite l'atelier des charrons; à gauche est l'entrée sur la rue Saint-André.

N° 12. — A l'extrémité de la propriété rue Saint-André est un corps de bâtiment élevé sur terre-plein d'un rez-de-chaussée en contre-haut du sol des constructions décrites et au niveau duquel on arrive par un escalier intérieur; un autre escalier dessert le premier étage situé sur une partie de ce bâtiment avec comble au-dessus, a un égout couvert en zinc.

Il est éclairé sur la rue Saint-André de quatre baies de croisées; le rez-de-chaussée renferme l'atelier des plaqueurs ; au premier est le logement du contre-maître plaqueur.

No 13. — A droite du précédent corps de bâtiment sont les magasins et le chantier des bois. Cette cour est en contre-haut des autres constructions. On arrive des ateliers par un grand escalier, dont les marches sont en bois, à la cour des chantiers. Cette cour est battue en terre.

No 14. — A droite de la précédente cour, et à l'extrémité du passage des bois, une partie découverte servant au sciage des bois; à la suite est un hangar servant aux constructions.

Sous le sol sont une petite cave, un petit puisard et trois fosses, dont une grande pour le charbon.

Le sol de la grande cour est pavé en grès avec ruisseau *idem*; les magasins et la cour couverte sont bitumés, les ateliers en terre battue, le reste en terre; des marches en bois communiquent des ateliers à la grande cour des bois.

Le passage entre le boulevard du Roi de Rome et le chantier des bois est commun avec les propriétés voisines, et le sol dudit passage est de 1 m. 80 cent. plus élevé que celui des ateliers à l'extrémité desdits.

Nota. — Un état descriptif très-détaillé, joint au présent procès-verbal, donne la désignation exacte des différentes parties de cet immeuble.

Signé: Olive.   *Signé*: Guénepin.

Cette propriété a un développement de façade,

Savoir :

Sur le boulevard du Roi de Rome, de 53 mètres, plus la moitié du passage, c'est-à-dire 3 m. 50 cent. (le passage est de 7 mètres); sur la rue Saint-André, de 87 m. 25 centimètres.

Signé: Guénepin.   *Signé*: Olive.

Par suite de l'abaissement du sol du boulevard du Roi de Rome et de l'établissement du nouveau trottoir, cette propriété sera déchaussée suivant le projet qui nous a été communiqué ;

Savoir :

Sur le boulevard :

A droite, de six mètres soixante-six centimètres	6^m 66^c
A gauche, de cinq mètres soixante-quinze centimètres	5 75
Ce qui donne un déblai moyen de six mètres deux cent cinq millimètres.	6 205

Sur la rue Saint-André :

On arriverait à cette propriété par un escalier qui serait proposé par le service municipal et aux frais de la Ville.

Signé : GUÉNEPIN.   *Signé :* OLIVE.

Nous avons examiné avec soin les lieux, mais notre opinion étant différente pour établir d'une manière convenable la communication entre toutes les parties de cet immeuble avec les voies publiques, et par suite l'indemnité résultant naturellement de l'importance des dépenses dans lesquelles les propriétaires seraient entraînés.

L'un de nous, le sieur Olive, disant que les travaux devaient avoir pour but d'établir le sol des localités dans les mêmes rapports avec les trottoirs projetés que celui qui existe entre ce sol et celui des rues avant leur abaissement; tandis que le sieur Guénepin pensait qu'on devait se borner à exécuter les travaux indispensables pour conserver aux lieux toute la valeur qu'ils avaient avant l'abaissement des voies publiques, nous donnons notre avis chacun séparément.

Signé : GUÉNEPIN.   *Signé :* OLIVE.

AVIS DE NOUS, GUÉNEPIN

Nous disons que les travaux à faire doivent se borner à ceux indispensables pour conserver aux lieux toute la valeur qu'ils avaient avant l'abaissement des voies publiques.

Si les travaux s'étendent au-delà du nécessaire, c'est qu'ils sont entrepris dans la vue d'une amélioration générale de la propriété, qu'ils tendent à une augmentation de revenu ; ils sortent dans ce cas de la ligne tracée par l'expertise, qui a pour but de fixer l'indemnité due pour le tort éprouvé, et non de rechercher ce qu'il faut faire pour accroître ou augmenter la valeur de la propriété.

Si, au moyen des travaux à exécuter, la propriété conserve sa même valeur, ses mêmes revenus, elle n'éprouve plus de tort ; l'indemnité basée sur ces travaux est équitable.

Nous pensons que, pour arriver à ce résultat, il faut 1° démolir et reconstruire le corps de bâtiment en bordure sur le boulevard du Roi de Rome, ancien boulevard de Passy.

2° Démolir et reconstruire les magasins en bordures sur la rue St-André, dans une longueur égale à la profondeur de la première cour renfermant les voitures en blanc, et la partie ouverte formant remise en saillie sur la cour.

3° Démolir et reconstruire la partie des ateliers située sur le côté du passage des bois, dans la profondeur de la même cour.

4° Démolir tous les accessoires existant dans ladite cour, tels que : escalier, latrines, urinoirs, etc.

5° Faire le dépavage et le repavage de ladite cour.

6° Baisser le sol de la cour et des constructions décrites plus haut, au niveau du nouveau sol du boulevard du Roi de Rome.

7° Établir un escalier au milieu du second corps de bâtiment renfermant des magasins et des ateliers.

8° Baisser tout le sol du passage des bois.

9° Faire la démolition et la reconstruction des hangars et des constructions légères dans la cour des bois.

10° Exécuter le baissement du sol des passages des bois et de la cour des mêmes bois.

11° Établir un escalier en pierre pour racheter la hauteur des autres parties de cet établissement qui sont actuellement en contre-bas de cette cour.

12° Enfin faire les reprises en sous-œuvre de tous les murs et tous les raccords nécessaires.

De plus, nous avons pensé qu'il était convenable de compter un dixième pour travaux imprévus, et un vingtième pour les honoraires de l'architecte chargé desdits travaux.

Nous avons cru qu'il ne fallait pas baisser les autres parties de cet immeuble, le service pouvant se faire aussi bien qu'avant le baissement de la voie publique.

Si, au moyen de ces travaux, la même valeur est conservée, nous aurons rempli la mission qui nous a été confiée, et nous croirons avoir atteint le but que nous nous sommes proposé.

Nous avons en conséquence établi le devis des travaux de toute nature à faire d'après ces indications; ce devis s'élève, suivant détail ci-annexé, à la somme totale de cent quatre-vingt trois mille quatre-vingt seize francs et quatre centimes.

Ces travaux comprennent :

1° Pavage et bitume	8,030	43
2° Fouilles	74,943	65
3° Couverture	6,721	56
4° Démolition	6,364	39
5° Maçonnerie	44,270	87
6° Charpente	11,369	04
7° Menuiserie	3,363	67
8° Serrurerie	2,636	60
A reporter	154,700	21

Report.	134,700	21
9° Plomberie	800	»
10° Peinture et vitrerie	3,024	50
Total.	158,524	74
Travaux imprévus	15,852	47
Ensemble	174,377	18
Honoraires	8,718	86
Total général.	183,096	04

1° Du dépavage de la cour principale, du passage et de la cour des bois.

2° Du repavage, après abaissement, suivant les pentes indiquées sur les plans et coupes.

3° De la démolition, triage des matériaux et rangement du corps de bâtiment en façade sur le boulevard.

4° De la démolition des ateliers à droite et à gauche dans la cour, et des accessoires situés dans la grande cour.

5° De la démolition de tous les hangars situés dans la cour des bois.

6° Du baissement du sol sous toutes les surfaces de ces différentes constructions et enlèvement des terres.

7° De la reconstruction des bâtiments, ateliers et hangars avec fournitures et remplacement des matériaux pour compenser les déchets.

8° De la dépose et de la repose de toute la menuiserie et remplacement des déchets.

9° De la fourniture des deux escaliers en pierre pour racheter les différences de niveau.

10° De la reprise en sous-œuvre des murs de soutènement des terres et des ateliers restants.

11° De la fourniture de la serrurerie neuve et repose de l'ancienne serrurerie.

12° Des raccords des peintures anciennes et peinture de toutes les parties neuves.

13° De tous les raccords et fournitures de vitrerie.

14° D'un dixième pour travaux imprévus ou omis dans le cours du devis.

15° D'un vingtième pour les honoraires de l'architecte chargé de la direction des dits travaux.

Signé : GUÉNEPIN.

INDEMNITÉ LOCATIVE

Pour baser d'une manière équitable l'indemnité due à MM. Million, Guiet et C°, il nous a fallu chercher le temps que devront durer ces travaux.

Après nous être rendu compte de leur importance et des moyens à employer pour en activer l'exécution, nous avons pensé et croyons qu'ils ne peuvent s'étendre au-delà de six mois.

En effet :

Les travaux prévus par nous, expert de la Ville, s'élèvent à la somme de 183,096 fr. 04, suivant détail joint au présent procès-verbal de rapport, et comprennent :

Le baissement du sol de la cour principale du corps de bâtiment en bordure sur le boulevard du Roi de Rome, celui des deux constructions en ailes, à droite et à gauche, dans la profondeur de la cour, puis le baissement du passage des bois et celui de la cour qui fait suite, ainsi que la démolition et la reconstruction des différents hangars qui existent dans cette cour; enfin, tous les accessoires et dépendances qui sont la conséquence desdits travaux.

MM. Million, Guiet et C° seront donc privés pendant six mois :

1° Du corps de bâtiment en bordure sur le boulevard du Roi de Rome renfermant les magasins dits des voitures en blanc et ceux au-dessus.

2° Celui en aile à gauche ayant façade sur la rue Saint-André, renfermant également les voitures en blanc.

3° Celui en aile à droite, où se trouve une faible partie des ateliers des forgerons et limeurs; dans cette partie existent ou plutôt existaient cinq forges.

4° La cour principale, où sont divers accessoires, tels que lieu d'aisance, urinoirs, escaliers, etc.

5° Le passage des bois.

6° La cour des bois avec tous les hangars qui existent dans cette cour servant de magasin.

Nous ferons observer que les forges, suivant notre projet, peuvent être reconstruites immédiatement dans la partie que nous proposons de convertir en atelier. Au surplus, ces forges ne sont pas d'une grande utilité, puisqu'elles ont été supprimées (nous a-t-on déclaré par une lettre en date du 12 novembre 1862), et provisoirement occupées par une machine, qui n'existait pas lors de notre première visite à ladite propriété.

De cette manière, la partie de l'industrie relative aux forgerons et limeurs pourra fonctionner pendant l'exécution des travaux. La cour des bois peut être baissée après ou avant l'exécution des travaux en bordure sur le boulevard du Roi de Rome, et MM. Million et Cᵉ ne seront privés que d'une faible partie de cet établissement, qui n'est point la partie active, et pourront, par conséquent, exercer leur industrie, puisqu'ils ne seront privés que de la portion où l'on ne travaille pas tous les jours ; ils seront sans doute gênés dans leur industrie ; c'est précisément pour cette gêne momentanée que nous proposons d'allouer une indemnité que nous allons déterminer de la manière suivante,

Savoir :

1° Location des magasins pour les voitures en blanc, grande cour, cour des bois et accessoires, tels que hangars, lieux, petits magasins, etc.

Pour cette partie, dont seront privés MM. Million et Cᵉ, nous proposons la location d'un terrain près de cet immeuble, ayant la même surface que celle dont ils seront momentanément dépossédés, soit donc d'un terrain de 1,800 mètres environ, que nous estimons comme location à 9 fr. le mètre par an, ce qui produira la somme de 16,200 fr., et pour six mois 8,100 fr., que nous portons à . . .   9,000 »

2° Location d'une construction en bois, couverte en papier bitumé, ayant une surface égale à celle dont ces Messieurs seront momenta-

A reporter. . . . .   9,000 »

Report. . . . .   9,000 »

nément privées, soit 1,000 fr. Nous pensons que cette construction provisoire, et dont les matériaux appartiendront à l'entrepreneur qui les aura fournis et posés, ne doit pas être portée à plus de 10 fr. le mètre superficiel par an, ce qui représentera pour 1,000 mètres la somme de 10,000 fr., et pour six mois environ les 3[4, soit donc celle de 7,000 fr. (La construction en système Pombla coûte par portée de 10 à 12 mètres 9 fr. le mètre, et les matériaux appartiennent à l'acquéreur) . . . .   7,000 »

3° Pour perturbation causée à l'industrie pendant la durée des travaux, lesquels ne doivent pas aller au-delà de six mois.

MM. Million et Cᵉ, nous a-t-on dit, font 500,000 fr. d'affaires par année.

En admettant ce chiffre comme bon, il pourrait représenter, défalcation faite de tous les frais, un bénéfice net de 80,000 fr.

Si ces Messieurs étaient privés pendant six mois de la totalité de leur immeuble et de leur indemnité, ils perdraient donc une somme de 40,000 fr.

Or, ils conservent sur les lieux mêmes presque les 3[4 du terrain le plus nécessaire à leur industrie, puisqu'ils auront tout le matériel des machines et les ateliers des forgerons et limeurs, ainsi que les logements, bureau, etc., c'est-à-dire la partie productive de leur industrie.

La véritable perte ne consisterait que dans la privation des magasins des voitures en blanc, des cours et hangars pour les bois, si nous n'avions prévu la location provisoire de hangars et terrains ayant l'un et l'autre la même surface que ceux dont ils seront momentanément privés.

Le préjudice réel se réduit donc au temps qu'il faudra pour se

A reporter. . . . .   46,000 »

Report. . . . . 16,000 »

rendre des ateliers aux magasins provisoires, et ce pendant six mois ou 180 jours.

Par les calculs dont les bases nous ont été données par notre confrère, si ces Messieurs étaient privés de la totalité de leur industrie, ils perdraient 222 fr. 20 c. de bénéfice net par jour.

Il nous reste donc à déterminer ce qu'ils peuvent perdre par jour avec les conditions qui leur sont faites par suite des changements provisoires.

Après nous être rendu compte et nous être renseigné sur les lieux mêmes, nous pensons, en admettant toujours le chiffre de 500,000 fr. comme bon, que cette perte ne doit pas dépasser le 1[4 de ce bénéfice, soit 55 fr. 50 c., que nous portons à 60 fr., ce qui produit pour 180 jours la somme de. . . . . 10,800 »

4° Il convient, en outre, de comprendre les doubles frais de déménagement et de récmménagement, frais que nous évaluons à. . 4,000 »

Total. . . . . 30,800 »

Ainsi, on le voit. pour rétablir les lieux et leur donner, suivant nous, un accès équivalent à celui qu'ils avaient,

Il faut :

1° Exécuter des travaux de démolition, baissement du sol et reconstruction pour une somme de 183,096 04

2° Allouer une indemnité industrielle s'élevant, suivant les détails, à la somme de. . . . . 30,800 »

Ce qui donne un total de. 213,896 04

Signé : GUÉNEPIN.

PLUS-VALUE

Après avoir déterminé la dépense à faire et les indemnités à allouer pour rendre à cet immeuble un accès équivalent à celui qu'il avait avant l'abaissement de la voie publique, il nous faut rechercher s'il y aura par suite dépréciation ou avantage pour ladite propriété et pour l'industrie, c'est-à-dire plus ou moins-value.

Or, il n'est pas douteux qu'il y aura plus-value; en effet, on ne peut contester que l'abaissement du sol du boulevard du Roi de Rome, anciennement boulevard extérieur de Passy, n'ait donné une grande valeur à tous les immeubles situés sur cette importante voie publique et notamment à celle dont il s'agit, qui a sur ce boulevard un développement de façade de 53 mètres. Ce boulevard, dont le sol était à une hauteur considérable au-dessus de toutes les grandes voies qui entourent l'Arc de Triomphe de l'Etoile, se trouve maintenant en communication directe avec les importantes voies publiques qui forment un faisceau autour de cet arc.

On ne peut contester que tous les terrains ont pris, depuis les travaux de l'administration, une telle importance que leur valeur a plus que triplé.

Ainsi ce qui valait 60 fr. le mètre est actuellement à 200 fr.

Le baissement que nous proposons d'une partie de cet immeuble, le tiers environ, aura pour avantage de ne plus enterrer les ateliers et les magasins de 1 mètre 50, comme ils le sont actuellement, mais au contraire de les élever au-dessus du sol des cours et passage qui entourent lesdites constructions.

La plus-value, on le voit, n'est pas douteuse; il s'agit de déterminer sa valeur.

Or, la surface du terrain étant de 4,461 mètres 10 c., et le prix du mètre avant l'abaissement de la voie publique étant de 60 fr., on aura pour sa valeur avant baissement. . . . . 267,666 »

La surface que nous proposons de baisser comprend toute la
la partie en bordure sur le boulevard ayant 1,484 mètres, que nous

A reporter . . . . 267,666 »

Report. . . . . 267,666 »

portons à 180 fr. le mètre comme terrain en bordure, ce qui
produit la somme de. . . . . 265,120 »

Une autre partie de 825 mètres comprenant tout le fonds, c'est-
à-dire la cour des bois ; nous pensons que cette partie n'augmenterait pas, nous la portons à 60 fr. le mètre . . . . 49,500 »

La troisième partie, comprenant le passage, 232 mètres à 60 fr. 13,920 »

Enfin le reste ayant une superficie de 1,920 mètres, que nous
proposons de réduire pour dépréciation aux trois quarts du prix,
soit à 45 fr. le mètre, ce qui donne une somme de. . . . . 86,400 »

Total. . . . . 414,940 »

Suivant nous, cette propriété, en ce qui concerne la valeur du terrain seulement,
valait avant l'abaissement du sol du boulevard du Roi de Rome la somme totale
de. . . . . 267,660 »

Et sa valeur actuelle est de. . . . . 414,934 »

Ce qui représente une valeur en plus de cent quarante-sept mille deux cent soixante-
quatorze francs.

Or, la dépense totale comprend :

1° Les travaux s'élevant à la somme de. 183,096 04

2° L'indemnité industrielle à celle de. . . . . 30,800 »

213,896 04

Sur cette somme il convient de déduire la plus-value, estimée à cent quarante-sept
mille deux cent soixante-quatorze francs.

Soit pour travaux et industrie. . . . . 213,896 »

Pour plus-value à déduire. . . . . 147,274 »

Reste. . . . 66,622 »

Il reste donc à allouer pour l'indemnité due à tous les chefs à MM. Million et Cᵉ la somme de soixante-six mille six cent vingt-deux francs.

Signé : Guénepin.

Il nous reste actuellement à apprécier s'il y a lieu d'allouer cette somme, c'est-à-dire si ces Messieurs sont dans les conditions voulues pour avoir droit à une indemnité, et tout d'abord nous ferons observer :

Que MM. Million et Cᵉ, propriétaires des ateliers de carrosserie situés à l'angle du boulevard du Roi de Rome et de la rue Saint-André, ont adressé le 24 juin 1861 une requête au Conseil de Préfecture, tendant à obtenir une indemnité à raison des dommages que devrait leur causer l'abaissement du sol du boulevard du Roi de Rome.

Ils exposèrent à cette époque que l'entrée de leur atelier du côté du boulevard était destiné à l'arrivage des bois de charronnage, ils prétendirent que l'approvisionnement des bois n'était pas praticable par la rue Saint-André, que d'une part cette rue devait être abaissée et de l'autre qu'elle était trop étroite pour permettre aux fardiers de tourner. Or, on sait que la rue Saint-André ne doit pas être baissée et après examen, nous avons reconnu que cette rue avait 8 mètres de largeur et que les fardiers de bois, dont la largeur est de 3 à 4 mètres au plus, peuvent fort bien tourner dans ladite rue et même plus facilement que du côté du passage des bois, qui n'a que 7 mètres de largeur; cet argument, on le voit, tombe de lui-même, puisqu'il est plus commode et plus facile d'entrer par la rue Saint-André, qui est plus près de la cour des bois.

Que MM. Million et Cᵉ ont construit en parfaite connaissance des projets de baissement que devait exécuter la ville de Paris, puisqu'un procès-verbal, en date du 7 juin 1859, constate qu'ils n'ont tenu aucun compte des cotes de nivellement qui leur ont été notifiées suivant arrêté préfectoral du 8 décembre 1858. S'il en est ainsi, notre opinion est qu'il n'est rien dû à MM. Million et Cᵉ, parce que le déblaiement des terres, qui donne pour la totalité un cube de 17,844 m. 40, à 4 fr. le mètre cube, représente un chiffre bien inférieur à la plus-value résultant des travaux de la Ville.

En résumé, si **MM.** Million, Guiet et C⁰ se trouvent dans les conditions ordinaires de tout propriétaire et industriel auquel l'administration a porté un dommage direct et matériel, il convient de leur allouer une somme de 66,622 fr., déduction faite de la plus-value acquise à la propriété par suite des travaux de l'administration municipale et par suite également de ceux à exécuter à cette propriété.

Dans le cas contraire, c'est-à-dire s'ils ont construit à leurs risques et périls sans tenir compte des notifications qui leur ont été faites avant la construction de leur atelier, il ne leur est dû que le déblai des terres de toute la surface du terrain libre de constructions, dont la dépense serait inférieure à la plus-value résultant du baissement du boulevard du Roi de Rome.

Signé : Guénepin.

————

Nous, Olive.

Avant de donner notre avis sur la mission qui nous est confiée, il nous a paru indispensable de préciser d'une manière aussi parfaite que possible la situation qui serait faite à l'immeuble dont s'agit, si l'avis exprimé par notre confrère pouvait prévaloir.

Et tout d'abord, nous devons lui rendre cet hommage que nous sommes de suite tombés d'accord sur la question d'un préjudice ou dommage direct et matériel.

Mais nous n'avons cependant pu nous mettre d'accord sur l'évaluation de l'indemnité à laquelle MM. Million, Guiet et C⁰ ont droit.

————

Ainsi, comme il s'agit de faire uniquement les travaux nécessaires pour conserver aux lieux, avec leur aspect, toute la valeur qu'ils avaient avant l'abaissement du sol des voies publiques, nous ne pensons pas que la physionomie de ces lieux doive en être changée de façon à augmenter la valeur de la propriété ou de son revenu; ce ne serait pas justice.

Nous pensons au contraire que les travaux à effectuer doivent l'être dans des conditions exactement semblables à ce qui existe comme constructions et agencements généraux.

Et dans ce cas nous avons la conviction que nous remplissons consciencieusement notre mission.

En effet, comme la propriété n'aura pas à profiter de constructions supplémentaires, elle n'augmentera pas de valeur.

Et, par suite, l'agencement demeurant immuablement le même, les avantages ou revenus seront, après comme avant l'abaissement des voies, ce qu'ils étaient.

En examinant avec soin le travail de notre confrère, nous apercevons dans son devis estimatif, qu'il fixe à 183,096 fr. 04 c., des omissions importantes même au point de vue de son appréciation d'après nos procès-verbaux de constat.

Ainsi, sans qu'il soit besoin de faire remarquer que la banquette qui règne sur le boulevard sur toute la longueur de la façade devra disparaître, car sans cela les voies d'accès et la conservation des jours ne pourraient avoir lieu, il est impossible que la rue Saint-André ne soit pas déblayée également, au moins jusqu'à l'extrémité de la partie teintée en rose au plan.

Notre confrère ne peut méconnaître que, d'après les dispositions de son projet, il y aura perte dans l'intérieur de la propriété d'une certaine surface de terrain utile et aujourd'hui utilisée.

S'il tient compte des dépenses qu'il occasionnera par les agencements qu'il propose, qui sont, il faut le dire, pratiquement très-difficiles, sinon impossibles, il ne tient aucun compte de la perturbation profonde que de tels agencements causeraient à MM. Million et Cie dans l'exploitation et l'exercice de leur industrie.

Il ne tient non plus aucun compte de la dépréciation importante, considérable, qu'il causera certainement à la propriété, en établissant un redan de six mètres de hauteur, au milieu même de cette propriété, ce qui la coupe en deux brusquement; ni, non plus, de la perte dans les avantages ou revenus à causer perpétuellement par ce fait.

Il oublie que l'abaissement par lui proposé du passage habituel des bois n'est qu'un palliatif incomplet, soumis d'ailleurs au droit et à la volonté des propriétaires riverains de ce passage, et qui peut être modifié, changé, le lendemain du jour où l'abaissement serait terminé, et ainsi naturellement de tous les importants travaux qui en seront la conséquence.

Il oublie que la rue Saint-André doit être abaissée, et que, soit que son point culminant s'attache et se raccorde au sol actuel de la rue du Bel-Air, soit que le sol de cette dernière soit aussi abaissé (ce qui aura lieu, d'après le nivellement général, définitif adopté pour le quartier), les voies d'accès de ce côté aux portes d'entrée de l'établissement de MM. Million et Cie seront tout à fait impossibles, et qu'il faudra recommencer une expertise.

D'autre part, il ne se rend pas compte suffisamment que les constructions légères établies par MM. Million, Guiet et Cie n'ont pas une grande élévation ni une forte assiette, et que, par suite des murs de soutènement qu'il propose de construire en sous-œuvre pour les maintenir, elles seront naturellement soumises, ainsi surélevées, à une action de vibration qui peut précipiter leur dislocation et causer leur chute.

Enfin, il ne tient aucun compte de l'abaissement du restant du sol dans un temps nécessairement prochain et des constructions qu'il supporte par suite du nivellement de la rue Saint-André.

Il est incontestable que les établissements de la même nature que celui-ci sont tous de plain-pied et de niveau ou à peu près avec la voie, ou les voies qui leur servent d'accès; il suffit pour s'en rendre compte de visiter les établissements analogues de MM. Delettrez, rue des Bassins, Guetting, avenue Dauphine, Maze et Voisine, barrière du Combat, Trottement à la Villette, etc.

Les uns ont déblayé, les autres ont remblayé leur terrain, mais tous se sont établis de plain-pied, et suivant un niveau avec la ou les rues.

MM. Million et Ce eux-mêmes ont également déblayé leur terrain, obéissant ainsi à la loi commune, et cela est en effet indispensable, puisqu'il faut que les voitures en fabrication dans leurs différentes phases circulent en roulant dans toutes les parties de l'établissement.

C'est donc dans ces conditions que l'important établissement de MM. Million et Ce, d'un seul tenant par ses agencements et dont le sol s'harmonise partout avec le sol des différentes voies qui l'enveloppent, ne peut recevoir sans un immense préjudice les modifications proposées.

Il lui faut un abaissement général en rapport avec le nivellement actuel du boulevard et celui arrêté pour la rue Saint-André, non pas en ce qui touche la rue Saint-André par rapport au sol actuel de la rue du Bel-Air, mais par rapport aux nivellements généraux du quartier dont cette rue fait partie.

Et encore ce nivellement général serait impuissant, par ses différences d'altitude, à remettre l'établissement de MM. Million et Cᵉ dans une situation absolument semblable à celle où il était avec les nivellements antérieurs.

Notre confrère parle de conserver à la propriété le même revenu et par suite la même valeur; ce principe pourrait être appliqué sauf examen à une maison de produit.

Mais que dire lorsqu'on veut l'appliquer à un immeuble industriel, à une usine ?

Ce qu'il faut à une usine, ce sont des conditions convenables d'agglomération; ce que MM. Million et Cᵉ ont le droit d'exiger, c'est qu'on leur rende les mêmes conditions d'agglomération qu'auparavant.

D'où il suit que les propositions faites par notre confrère seraient purement et simplement la ruine de MM. Million et Cᵉ, qui se trouveraient atteints doublement, et dans leur propriété et dans leur industrie.

AVIS

En principe, notre organisation sociale repose entièrement sur la propriété individuelle.

Le domaine public, les différents modes de circulation et de communication, tels que voies, canaux, chemins de fer, ont été créés pour donner à la propriété particulière le plus de valeur possible, et elle rend cette valeur au budget.

Les propriétés industrielles qui, avec l'agriculture et le commerce, forment la propriété pécuniaire, doivent jouir d'une entière sécurité.

Il a donc été indispensable de combiner les nécessités générales avec le respect absolu consacré à la propriété personnelle.

Deux principes ont été posés, ils sont irréfragables, sans quoi ils seraient subversifs :

1º Pour aliéner directement ou indirectement la propriété individuelle, il faut deux choses : l'intérêt général et la nécessité.

2º Pour légitimer cette aliénation et conserver le principe dominant et souverain, il faut que la propriété trouve son équivalent dans une juste indemnité.

Toutes nos lois consacrent cette vérité ; la loi de 1841 en a fait l'application spéciale.

Elle a divisé la propriété en deux parties distinctes dans leur valeur, leur aménagement et leurs produits :

La propriété foraine ou agricole ;
La propriété urbaine ou industrielle.

Nous agissons ici par grandes catégories, nous négligeons les subdivisions comme étrangères au sujet que nous traitons.

Nous rappelons l'article 50 de la loi du 3 mai 1841 :

« Les bâtiments dont il est nécessaire d'acquérir une portion pour cause d'utilité » publique, seront achetés en entier si les propriétaires le requièrent par une » déclaration formelle, etc. »

Dans l'affaire dont s'agit, la ville de Paris n'acquiert pas une partie, elle fait mieux : elle anéantit la propriété tout entière en la séparant de la voie publique et en lui retirant les accès qui en faisaient la vie et la prospérité.

En reconnaissant loyalement le principe de l'indemnité, le Conseil de Préfecture rend inutile une démonstration, d'ailleurs très-facile, et par laquelle on peut assimiler l'isolement à l'expropriation, par la raison très-simple que les résultats sont identiques.

Lorsqu'il est bien reconnu que nous sommes en matière d'indemnité, principe déjà signalé dans un arrêt du Conseil d'Etat du 8 mai 1861, il devient évident que les déductions de notre confrère sont inacceptables.

Au premier chef, il est difficile de comprendre comment un tiers, même revêtu d'un caractère légal, vient s'ingérer dans l'aménagement d'un établissement industriel.

Cet aménagement est aussi bien du domaine personnel que la propriété elle-même.

MM. Million, Guiet et Cⁱᵉ, éclairés par une longue expérience, connaissant à fond le commerce de la carrosserie, pouvant embrasser l'ensemble et les détails, ayant surtout à lutter contre des concurrents redoutables, ont donné à leur établissement une organisation et une harmonie que personne au monde n'a le droit de suppléer ou de modifier.

S'il en était autrement, ils ne seraient pour ainsi dire que les usufruitiers d'un établissement qu'un étranger aurait accommodé à sa manière, et si l'insuccès les frappait ils n'auraient pas même le droit de recourir contre la main étrangère qui leur aurait imposé des agencements contraires à leur volonté.

Nous ne parlons plus de l'objection faite à MM. Million, Guiet et Cⁱᵉ, qu'ils avaient construit en connaissance de cause.

Cette objection, vraiment puérile, n'existe plus du moment que la Ville a accepté l'expertise sur la question de savoir s'il y a eu, ou non, dommage direct ou matériel.

L'art. 1449 du Code Napoléon définit le dommage en déclarant qu'il doit être de la *perte* qu'on a faite, ou du *gain* dont on a été privé ; on peut ajouter : et dont on sera privé jusqu'au terme de la réparation.

Toutes les lois sur l'expropriation pour utilité publique, exigent une *juste indemnité.*

De tout ce qui précède il résulte donc :

Que l'indemnité pour un immeuble agencé d'un seul tenant ne peut être dans l'espèce allouée partiellement, que la perturbation qui y serait ainsi apportée serait ruineuse, et que si en effet il ne faut rien faire contre l'intérêt général au profit d'un seul, il faut encore moins tout faire contre l'intérêt d'un seul au profit de l'intérêt général.

Nous sommes donc d'avis que l'indemnité doit être entière, absolue.

En conséquence, le sol de la propriété de MM. Million et C° doit être abaissé suivant les nivellements généraux arrêtés pour le quartier en général, et conséquemment pour la future rue Saint-André.

La ville de Paris doit faire, en plus et en même temps, les déblais de la banquette au-devant de la propriété sur le boulevard, ainsi que ceux de la rue Saint-André tout au moins (quant à présent), jusqu'à la limite extrême de la propriété de MM. Million et C°, et enfin ceux de la seconde moitié de largeur du passage absolument réservé pour l'arrivage des bois par fardiers, et encore pour ce passage, et avant d'y rien entreprendre, la ville de Paris devra-t-elle se procurer l'autorisation des autres riverains.

Les constructions, en général, devront êtres rétablies dans l'état où elles sont présentement comme agencements, sans aucune modification, en un mot, conformément au plan primitif et suivant l'état des lieux dressé par notre confrère et par nous, de façon que n'ayant fait aucun changement ni en plus ni en moins, il ne puisse être, en aucun cas, rien reproché ni contre la Ville qui a causé un dommage direct et matériel, ni contre le dommagé, qui n'aura rien reçu de plus qu'il ne possédait.

En résumé, après avoir pris tous renseignements relatifs à l'affaire, après mûr examen de toutes choses, nous avons rédigé comme suit notre devis estimatif des travaux à faire, et fixé les sommes afférentes aux dommages qui en sont la conséquence.

DÉTAIL ESTIMATIF

1° Superficie du terrain :

Acquisition de juillet 1857. . . . . . 3,833 38 }
— septembre 1859. . . 924 15 } 4,757 53

A déduire :

Le terrain retranché pour alignement. . . . . . 296 43   Superficie du terrain.

	4,461 10	4,461 10

2° Superficie des constructions :

Les différentes constructions dont se compose l'établissement couvrent une superficie de. . . . . . . 3,734 34   Superficie des constructions   3,734 34

qui peuvent être divisés et que nous divisons en deux catégories, savoir :

Les constructions à étages aménagés et divisés selon leur destination ;

Les constructions de hangars, clos avec grandes parties vitrées.

(Voir au surplus l'atlas des plans de l'établissement et l'état des lieux détaillé ci-annexé.)

La surface couverte par la première catégorie est de . 1,022 24 .

Que nous estimons d'après détail à 125 fr. le mètre, prix moyen, en prenant pour base les prix des époques pendant lesquelles les travaux ont été exécutés ; produit.   127,792 50

La surface couverte par la deuxième catégorie est de   2,712 »

Que nous estimons d'après détail à 50 fr. le mètre,

A reporter 127,792 50

Report.	127,792	30

prix moyen (sur les mêmes bases). . . . . 135,600 »

Auxquels il faut ajouter :

Le pavage de la grande cour pavée en pavés d'échan-
tillon, avec petits bâtiments pour latrines, urinoirs et
fosses d'une superficie de. . . . . 270 »

Le tout estimé à 20 fr. le mètre, compris déblais pri-
mitifs pour régulariser et niveler le sol. . . . . . 5,400 »

Plus le terrassement *idem* et le pavage en mêmes
pavés de la cour du fond et du passage des bois :

1° Une surface de. . . . . 341 40 }
2°   —   . . . . . 227 » }   568 40

estimés à 15 fr. le mètre, compris terrassement préa-
lable, outre ceux inhérents au pavage. . . . . . 8,526 »

        Total des travaux. . . . 277,318 50

Honoraires de l'architecte, 5 pour cent. 13,865 90

        Total des dépenses. . . . 291,184 40

En outre : pour construire aujourd'hui dans Paris cet établissement dans les mêmes conditions, la dépense sera augmentée, par
suite de l'élévation naturelle des matériaux et de la main-d'œuvre,
de 11 p. 100, plus de 5 p. 100 pour de nouveaux honoraires d'architecte, ensemble 16 p. 100.

    Soit. 277,318 50
    Dont 11 p. 100. 30,505 03 . . . . 30,505 03

       307,323 53
    Honoraires 5 p. 100, produit 15,391 17

       A reporter. 337,080 60

Report. 337,080 60

A cette augmentation viennent s'ajouter les travaux de démolition de l'établissement actuel : les dépose, triage, décrottage, transport, rangement dans un local loué, déblaiement et enlèvement des gravois, etc.; mais il convient de négliger cette somme et de la considérer comme une compensation avec les matériaux que l'on recueillera pour être réemployés dans les travaux d'installation provisoire et les travaux eux-mêmes.

Reste enfin à ajouter le déblai de la masse du sol actuel pour le baisser suivant les points de nivellement général arrêtés par l'administration.

Ci, surface, déduction faite de la partie retranchée pour alignement.   4,464   »

Calculés sur seulement une hauteur moyenne de 5ᵐ 50 en supposant le sol entièrement nivelé, mais en observant la pente future, soit. 24,546 65

Mètres cubes à 4 fr. 15 le mètre. 101,867 98

TOTAL GÉNÉRAL. 438,948 58

INDEMNITÉS ET FRAIS

1º Les frais de location d'un terrain pendant un an pour l'installation provisoire de l'établissement, afin de ne pas rester dans un état de chômage absolu.   30,000   »

2º Les travaux d'installation provisoire pour construction, démolition et déblai, que nous compensons en partie par la valeur des matériaux recueillis comme est expliqué plus haut, d'où dépense en plus seulement   20,000   »

A reporter. 438,948 58

Report. 438,948 58

3º Le déménagement deux fois répété du matériel et des marchandises, le démontage et remontage des machines et autres. . . . . 20,000 »

4º Le chômage pendant ces déménagements et ces installations (trois mois), ci. . . . . 15,000 »

5º La perte de partie du matériel et l'avarie des marchandises (le dernier inventaire constatait la possession de 300,000 fr. de marchandises). . . . . 60,000 »

6º La dépréciation provenant de la détérioration de la partie du matériel fixe, tels que forges, truelleries, étaux et établis de limeurs, fours, etc., ainsi que du matériel roulant réemployé et de l'outillage (le dernier inventaire donnait 58,500 fr. pour l'outillage après dépréciation de 10 p. 100 pendant quatre ans), ci. . . . . 30,000 »

7º Le tort direct provenant de l'augmentation du prix de façon, la confection de beaucoup de choses, aujourd'hui faites dans l'établissement, devant être confiée à des ouvriers travaillant en ville. . . . . 30,000 »

8º Le préjudice industriel et commercial causé par la perturbation apportée dans les affaires et relations de la maison par un tel état de choses, durant depuis un an et devant durer pendant une année encore, préjudice important incontestablement, attendu qu'il repose sur un chiffre moyen d'affaires de 500,000 fr. annuel depuis 1858, ci. 200,000 »

9º Enfin, la gêne, malgré tout, qui existera dans l'intérieur de l'établissement au point de vue de la plus grande commodité des agencements, puisqu'en remplacement du niveau parfait actuel des voies, le nouveau et complet ni-

A reporter. 438,948 58

Report. 438,948 58

vellement futur établira encore une différence de niveau
de plus de 2 mètres entre la façade sur le boulevard et
le fond de la propriété ; dernière mais perpétuelle cause
d'un dommage évidemment appréciable (augmentation
de main-d'œuvre, dépréciation de l'immeuble), pour
l'exploitation, 3,000 fr. par an pendant quinze ans et sur
un cinquième du terrain une dépréciation de 20 fr. par
mètre. 10,000 »

Total des indemnités. . . .   466,000 »

904,948 58

Ensemble, neuf cent quatre mille neuf cent quarante-
huit francs cinquante-huit centimes.

Sous l'empire de cet avis et des appréciations et estimations qui en découlent,
nous, expert, nous avons la conviction d'avoir rempli notre mission avec conscience
et loyauté, et avons clos notre procès-verbal de rapport.

Signé : Olive.

Nous aurions beaucoup à dire sur l'avis de notre confrère ; nous nous bornons
aux observations suivantes.

Nous dirons tout d'abord que les travaux de terrassement au-delà de la surface
appartenant à M. Million et Cᵉ seront exécutés par l'administration et à ses frais ;
que notre projet ne fait perdre aucune surface de terrain à la propriété.

Que les agencements que nous proposons sont très-praticables et non difficiles ;
il y a plus, nous pensons qu'ils seront dans de meilleures dispositions qu'actuellement.

Que nous tenons parfaitement compte du trouble que causera à l'industrie l'abaissement que nous proposons, ou plutôt les travaux que nous proposons par suite de

l'abaissement exécuté, et nous avons chiffré l'indemnité pour ce trouble momentané et provisoire.

Nous pensons que le redan dont parle notre confrère ne peut nuire à la propriété.

La rue Saint-André ne sera pas baissée au-delà des points que nous avons indiqués; c'est une des données ou bases de la mission qui nous a été confiée, et nous craignons même d'avoir été au-delà.

On nous parle d'établissements analogues, entr'autres celui de M. Trottement, qui n'est point constructeur de voitures, mais de wagons pour les chemins de fer; or, le terrain qu'il avait à la Villette, et que nous avons été chargé d'estimer pour l'expropriation, n'était pas plus de niveau que celui de MM. Million et Ce.

Nous disons aussi que, pour l'établissement de M. Trottement, dont l'importance était bien supérieure à celui de MM. Million et Ce, le jury, pour l'expulsion totale et définitive de ce locataire, lui a accordé à peu près la moitié de la demande faite par notre confrère pour l'érection provisoire de son client.

Nous sommes surpris, et cela n'est pas sérieux sans doute, qu'on vienne déclarer que l'abaissement complet nuira à cet immeuble; pourquoi?

On nous parle de la loi du 3 mai 1841 (art. 50), sur laquelle on se base; mais il ne s'agit pas d'expropriation, nous n'avons pas le droit de nous occuper de cette loi; notre mission a pour but d'estimer, s'il y a lieu, les travaux nécessaires, indispensables pour rendre à cet immeuble un accès équivalent à celui qu'il avait avant celui du baissement du boulevard du Roi de Rome.

Nous n'avons pas autre chose à faire (loi du 16 septembre 1807).

On nous dit également que les constructions doivent être établies absolument dans l'état actuel, et l'agencement tout-à-fait conforme. D'abord, nous ne changeons presque rien, et encore nous considérons ce changement comme un avantage dans l'intérêt même des industriels; au surplus, nous le répétons, nous ne pourrions donner qu'un équivalent (loi du 16 septembre 1807), mais nous avons fait mieux, nous rendons à MM. Million et Ce la même situation qu'ils avaient.

Dans le devis estimatif, que nous trouvons bien exagéré, on demande toute la valeur des constructions, qui ont été divisées en deux catégories, l'une à 125 francs, l'autre à 50 francs, et de plus les accessoires, qui ne se montent pas à moins de

54,000 francs. Ces chiffres nous paraissent bien élevés, et nous pourrions faire la
la même opération que nous avons faite pour la partie que nous laissons, qui est la
plus importante comme valeur de construction, que nous avons trouvée, en traitant
le tout largement, n'être que de 112,000 francs.

Notre confrère demande donc pour travaux une somme de. . .	425,082 92
Et pour indemnité locative.	466,000 »
Ce qui donne un total de.	891,082 92

Si les clients de notre confrère pouvaient obtenir cette somme, nous les enga-
geons à vendre leur terrain, dont ils pourraient après baissement retirer une somme
de 670,000 francs, ce qui donnerait un capital de 1,561,082 francs 92 centimes, et
se faire une rente annuelle de 90,000 francs; on le voit, ils feraient une excellente
affaire.

En résumé, nous maintenons notre chiffre, s'élevant à la somme de 66,622 francs
pour l'indemnité due à tous les chefs, dans le cas bien entendu où ils auraient droit à
ladite indemnité.

Signé : Guénepin.

La mission qui nous a été confiée se trouvant remplie par la rédaction de chacun
de nos avis, nous avons clos et signé le présent procès-verbal de rapport, pour ledit
être déposé par l'un de nous, le sieur Guénepin, au secrétariat de la Préfecture de
la Seine, afin que sur le vu d'icelui il soit statué ce qu'il appartiendra.

Signé : Guénepin. *Signé* : Olive.

NOTE

DE Me BENOIST

AVOUÉ

A M. ALPHAND

TIERS EXPERT

MM. Million, Guiet et Cie ont formé devant le Conseil de Préfecture une demande tendant à la réparation du dommage direct et matériel qui leur a été causé par l'abaissement du boulevard du Roi de Rome. La ville de Paris leur opposait notamment qu'ils avaient construit en connaissance de cause ; qu'en 1838 on leur avait donné un nivellement en prévision de l'abaissement futur du sol, et qu'ils avaient eu le tort de ne point s'y conformer.

MM. Million, Guiet et Cie répondaient que ce nivellement était à six mètres au-dessous du sol, et qu'il leur eût été matériellement impossible de construire dans ces conditions. Ils faisaient remarquer que quatre ans se sont écoulés depuis l'indication de ce nivellement sans que le sol en eût été baissé, et qu'en conséquence ils auraient construit dans un véritable puits.

Le Conseil de Préfecture, sans s'arrêter à cette fin de non-recevoir, a ordonné l'expertise ; il n'y a donc pas à y revenir, et il est difficile de comprendre pourquoi l'expert de la Ville a reproduit une objection dont il n'est pas juge, et qui, de fait, n'existe plus.

Il n'y a donc pas lieu de s'y arrêter.

La seule question soumise aux experts est celle de savoir s'il y a ou non dommage, et quelle doit en être l'évaluation. Les deux experts sont d'accord sur ce premier point; il y a dommage reconnu par tous deux, puisque tous deux proposent des moyens pour le réparer; mais là où le désaccord a commencé, c'est quand il s'est agi d'indiquer le mode de réparation.

Le sol du boulevard du Roi de Rome est baissé de six mètres en moyenne sur la façade de la propriété Million; l'accès en est donc absolument interdit de ce côté; de là le dommage direct et matériel.

La raison semble indiquer que, pour réparer ce dommage, le moyen véritable est de déblayer le sol de l'usine de manière à le ramener au même niveau que celui du boulevard; et cela est tellement vrai que M. Guénepin lui-même l'a reconnu, puisqu'il propose de baisser le sol d'une partie de l'usine. Mais, dit-il, nous avons cru qu'il ne fallait pas baisser les autres parties de cet immeuble, le service pouvant se faire aussi bien qu'avant le baissement de la voie publique. M. Guénepin explique qu'on établira un escalier dans l'intérieur même de l'usine, de manière à faire communiquer la partie haute avec la partie basse. Traduisant la pensée de M. Guénepin, on pourrait dire : — Je reconnais qu'il vous est causé un dommage; votre propriété est privée d'un accès qui lui est indispensable : le mal existe sur la façade, je vais le reporter au milieu et vous serez guéri. — En vérité, n'est-ce pas là la traduction fidèle du système proposé, et comment soutenir sérieusement que le service se fera aussi commodément avec un escalier de trente-huit à quarante marches, alors qu'il s'agit d'une usine de carrosserie?

La vérité, c'est que M. Guénepin, accablé par l'évidence, n'a pu nier qu'il y eût lieu à une réparation, mais il a pu être effrayé par l'étendue du dommage et par suite, de l'importance des travaux et réparations en argent qui en seraient la conséquence. Il a alors cherché une sorte de moyen terme qui ne répare rien, puisqu'il ne fait que déplacer le siége du mal, si même il ne l'aggrave.

Il suffit d'ailleurs de visiter l'usine et de se rendre compte de son organisation intérieure pour arriver à la conviction la plus profonde que le système proposé par M. Guénepin est absolument impraticable.

Il n'est pas possible davantage que MM. Million, ainsi que l'insinue M. Guénepin, se contentent de l'entrée par la rue Saint-André, en supposant, ce qui n'est pas, que cette entrée soit suffisante, quant à la largeur de la rue, qui n'est que de 8 m. 00. Il faudrait désorganiser complétement l'intérieur de l'usine pour la faire servir au même usage que l'ancienne entrée sur le boulevard, et cela d'ailleurs ne réparerait en rien le dommage causé sur la façade.

Il y a plus : M. Guénepin affirme que la rue Saint-André ne doit pas être baissée; on a induit M. Guénepin en erreur. Le plan général du quartier indique la pente de la rue du Bel-Air au boulevard par la rue Saint-André à 4 centimètres 37 millimètres par mètre; il résulte de là que la porte actuelle de l'usine sur la rue Saint-André, étant à 45 mètres du boulevard et à 73 mètres de la rue du Bel-Air, se trouvera à 3 m. 19 c. au-dessus du niveau de la rue. L'administration répète à dessein que la rue Saint-André ne sera pas baissée et M. Guénepin le dit avec elle. Comment le croire lorsque le raccordement de la rue du Bel-Air et du boulevard doit nécessairement se faire par là ? lorsque d'ailleurs l'abaissement futur de la rue est indiqué avec la précision que nous venons d'énoncer ? La vérité, c'est que l'administration a intérêt à le faire croire, dans l'espérance sans doute qu'elle pourra ainsi échapper aux conséquences de la demande qui est formée contre elle; et si plus tard, comme cela est absolument certain, elle fait baisser le sol de la rue Saint-André, elle ne sera pas embarrassée pour dire que l'usine Million ne peut qu'y gagner en raccordant la partie haute avec la partie basse, et en mettant ainsi le tout de niveau avec le sol des voies publiques.

Il y a plus : les cotes de nivellement qui ont été communiquées à Messieurs les Experts par l'administration municipale ne sont pas les cotes définitives, car elles se raccordent avec la rue du Bel-Air telle qu'elle est, comme si elle ne devait subir aucun changement de sol, tandis qu'elle est destinée, elle aussi, à un abaissement qui ne sera pas moindre de 1ᵐ40 à son intersection avec la rue Saint-André.

Il nous suffit d'avoir démontré que le système proposé par M. Guénepin est impraticable. La conséquence, c'est qu'il faut raser l'usine entière, afin de déblayer le sol pour le ramener au niveau du boulevard.

Nous n'entrerons point dans les détails de chiffres portant sur l'indemnité locative, mais on comprend que si l'avis de M. Olive doit prévaloir, comme le veut la justice, en ce qui touche l'exécution des travaux, le chômage devra être considérable et donner lieu à une indemnité infiniment supérieure à celle qu'a cru pouvoir indiquer M. Guénepin.

Quant à la plus-value, nous n'en dirons qu'un mot. Elle existera sans contredit si le déblaiement se fait en totalité ; resterait à en apprécier le chiffre, en tenant compte des frais de déblai. Mais si le système proposé par M. Guénepin devait prévaloir, la plus-value n'existerait assurément pas.

La différence de niveau intérieur serait une cause de dépréciation permanente, soit que la propriété serve à une usine, ce qui serait réellement impossible, soit qu'elle doive être convertie en propriété de produit.

Enfin, disons-le en terminant, s'il y a dommage, et cela est évident, les deux experts sont d'ailleurs d'accord pour le reconnaître, il n'y a qu'un moyen direct de le réparer, c'est de replacer le plaignant dans la situation qu'il avait auparavant. C'est, dans l'espèce, de rétablir la concordance du sol de l'usine avec le sol du boulevard, et de la rue Saint-André abaissée définitivement.

Voilà ce que demandent MM. Million, Guiet et Cᵉ, et ce qu'ils attendent avec confiance de la justice.

BENOIST, avoué.

PROCÈS-VERBAL

DE

TIERCE-EXPERTISE

[DÉP]ARTEMENT
de
[L]A SEINE

[Vil]le de Paris
—
[BOULEVA]RD DU ROI DE ROME
[et] Rue St-André
[XVI° A]RRONDISSEMENT
—
[CON]TESTATIONS
entre
[VI]LLE DE PARIS
et
[MIL]LION, GUIET ET Cᵉ
[propri]étaires riverains.
—
[PROCÈ]S - VERBAL
de
[TIERCE]-EXPERTISE

—

SERVICE MUNICIPAL DES TRAVAUX PUBLICS

—

SERVICE DES PROMENADES ET PLANTATIONS

—

PROCÈS-VERBAL

DE

TIERCE-EXPERTISE

—

MM. Million, Guiet et Cᵉ, carrossiers à l'angle du boulevard du Roi de Rome et de la rue Saint-André, attaquent la ville de Paris en dommages-intérêts, pour le déchaussement de leur propriété, exécuté lors des travaux d'amélioration du boulevard.

Le conseil de Préfecture, saisi de l'affaire, a nommé deux experts, à l'effet d'examiner s'il y a dommage, et dans le cas de l'affirmative, à quelle somme il peut être évalué. Les experts désignés, l'un par la ville de Paris, l'autre par les demandeurs, n'ayant pu tomber d'accord, le dossier m'a été retourné, en ma qualité de tiers-expert de droit. Après avoir prêté serment le 5 mars 1863, devant M. Sylvain Marie, conseiller de Préfecture, ainsi que le constate le procès-verbal ci-annexé, j'ai procédé de la manière suivante à l'accomplissement de ma mission.

J'ai examiné d'abord les précédents de l'affaire, les évaluations et les avis de MM. les experts et visité les localités, afin de me former une opinion que je vais développer, en me plaçant, non pas au point de vue d'un défenseur de la ville de

Paris, mais d'un expert recherchant la vérité et indiquant ce qu'il croit juste et équitable.

Pour bien comprendre cette importante affaire, il est nécessaire de rappeler ses précédents.

MM. Million, Guiet et Cⁱᵉ, possesseurs d'un assez vaste terrain, formant l'angle de la rue Saint-André et de l'ancien boulevard de Ronde, dit de Longchamps, ont formé une demande d'alignement et de nivellement pour la construction, sur ce terrain, d'un vaste établissement de carrosserie.

Un arrêté de M. le Préfet de la Seine, en date du 8 décembre 1858, a fixé les points de hauteur suivant les projets de transformation du boulevard de Longchamps (actuellement boulevard du Roi de Rome) et de raccordement de la rue Saint-André avec ce boulevard.

MM. Million, Guiet et Cⁱᵉ répondirent à cet arrêté par une signification, en date du 10 janvier 1859, par laquelle ils déclaraient que les cotes de nivellement données par M. le Préfet exigeaient d'eux un déblai énorme (environ six mètres sur la façade du boulevard) et les mettaient dans la nécessité de construire leur usine dans un puits sans issue, tant que les travaux du boulevard ne seraient pas exécutés, travaux qu'ils croyaient ne devoir être terminés qu'après plusieurs années; en conséquence ils déclaraient:

1° Qu'ils ne se conformeraient pas à l'arrêté de nivellement, et qu'ils construiraient à l'altitude du sol actuel (c'est-à-dire à l'altitude du sol tel qu'il se trouvait avant le déblaiement du boulevard);

2° Que de plus, ils rendaient la ville de Paris responsable du préjudice que les changements futurs pourraient leur occasionner;

3° Qu'ils réclamaient en outre la valeur du terrain qu'ils abandonnaient à la voie publique, par suite de la mise à l'alignement sur le boulevard.

Ces industriels ayant commencé à construire, ainsi qu'ils l'avaient annoncé, en suivant les alignements, mais non les nivellements arrêtés par M. le Préfet, un procès-verbal fut dressé le 7 juin 1859. Les choses restèrent dans cet état jusqu'en juin 1861, époque à laquelle MM. Million, Guiet et Cⁱᵉ, voyant qu'on allait commencer les travaux de déblaiement du boulevard, adressèrent une pétition à M. le Préfet de la Seine, lui demandant de faire estimer le dommage qu'ils allaient éprouver, par l'exécution des travaux qui laissaient leur établissement à plusieurs mètres au dessus des voies avoisinantes et sans accès possible.

Monsieur le Préfet déféra l'affaire au conseil de Préfecture, en exposant dans un mémoire, daté du 6 septembre 1861, que les demandeurs avaient construit en parfaite connaissance des projets de la ville, ainsi que le constatent le procès-verbal du 7 juin 1859 et l'arrêté du 8 décembre 1858; que d'ailleurs l'accès à leur usine est toujours possible par la rue Saint-André, qui doit *rester à son niveau actuel*, et dont la largeur de huit mètres est suffisante pour permettre à des fardiers chargés du bois de charronnage de tourner, afin d'entrer dans la fabrique.

M. le Préfet proposait en conséquence de rejeter purement et simplement la demande de MM. Million, Guiet et Cⁱᵉ, comme n'étant pas fondée.

MM. Million, Guiet et Cⁱᵉ répliquèrent par une lettre sans date, enregistrée le 24 octobre 1861, et dans laquelle ils firent remarquer :

1° Qu'en ce qui concerne le nivellement auquel l'administration prétend qu'ils devaient se conformer, en sommant de leur côté la ville de déblayer elle-même la voie publique, il y avait double impossibilité, et pour les pétitionnaires de construire dans un trou, et pour la ville de couper la circulation ;

2° Qu'ils éprouvent un dommage direct et matériel, par la suppression de leurs entrées sur le boulevard ;

3° Que sans examiner le cas d'un abaissement de la rue Saint-André et du côté du boulevard, et du côté de la rue du Bel-Air, puisque son exécution est niée par la ville de Paris, il n'en reste pas moins positif que le raccordement entre la rue du Bel-Air laissée à son niveau et le boulevard déchaussera le seuil de leur grande porte d'entrée sur la rue Saint-André, en rendra l'accès difficile, et leur causera un préjudice ;

4° Qu'enfin, si la rue Saint-André doit rester telle qu'elle est, il leur faudrait faire des remaniements intérieurs considérables, puisque leur distribution ne correspondrait plus aux entrées maintenues, et qu'alors la ville de Paris leur devrait encore une indemnité.

C'est dans le but d'examiner les allégations opposées de l'administration et des demandeurs que le conseil de Préfecture a nommé des experts.

Suivant que le conseil de Préfecture admettra : soit avec l'administration, que MM. Million, Guiet et C⁰ auraient dû se conformer au nivellement qui leur a été délivré ; soit, avec les demandeurs, qu'ils pouvaient construire au niveau de l'ancien sol sans tenir compte du nivellement administratif, l'évaluation des arbitres doit varier. Il convient donc de se mettre successivement dans chacune de ces deux hypothèses.

Les avis de MM. Guénepin et Olive, experts de la ville de Paris et de MM. Million, Guiet et C⁰, ne font qu'effleurer la question préjudicielle du refus de bâtir suivant les nivellements fixés ; en effet, dans les dernières lignes de son avis, M. Guénepin dit seulement que si les demandeurs ont construit à leurs risques et périls, il ne leur est rien dû, la plus-value résultant des travaux de la ville faisant plus que compenser la valeur des déblais à effectuer sur leur propriété, et M. Olive déclare qu'il n'y a pas lieu de s'arrêter à cet argument, que le conseil de Préfecture a rejeté implicitement, selon lui, en nommant des experts.

N'interprétant pas le fait de la nomination des experts dans le même sens que M. Olive, je crois qu'il convient avant tout d'examiner si la ville de Paris peut être responsable de la situation dans laquelle se trouve l'établissement des demandeurs.

Il est constant que MM. Million, Guiet et C⁰ ont demandé alignement et nivellement ; que M. le Préfet leur a répondu avant l'édification de leurs ateliers, mais que les demandeurs, tout en se conformant à l'alignement, ont déclaré ne pas vouloir se soumettre au nivellement (1), et ont commencé leurs constructions suivant le relief du sol à cette époque, ce qui a donné lieu au procès-verbal du 7 juin 1859.

Que devaient faire MM. Million, Guiet et C⁰ au reçu de l'arrêté de nivellement et d'alignement ? Ils devaient agir comme leur voisine, M¹¹ᵉ Léon, demeurant sur la rue Christophe-Colomb, et demander à M. le Préfet de la Seine le déblaiement immédiat des voies publiques, afin de leur permettre de construire dans une situation convenable. Ce que M. le Préfet a fait exécuter d'urgence pour M¹¹ᵉ Léon, il pouvait le faire pour MM. Million, Guiet et C⁰, et à plus forte raison encore, puisque les intérêts engagés étaient plus importants ; mais pour cela il fallait que les intéressés

(1) Signification du 10 janvier 1859.

le demandassent, au lieu de se mettre à construire quand même sur l'ancien niveau.

Actuellement que MM. Million, Guiet et C⁰ sentent la faute qu'ils ont commise, ils cherchent à la pallier en disant que, puisque la ville n'a commencé les déblais du boulevard qu'en 1861, c'est qu'elle ne pouvait les exécuter en 1859. Cet argument est sans valeur; rien, en effet, n'était plus facile, sur une voie de 40 mètres de largeur, que d'en déblayer la majeure partie de manière à livrer à MM. Million, Guiet et C⁰ leur façade, tout en maintenant l'accès des quelques maisons formant l'angle des rues des Bassins et de Villejust, non expropriées en 1859, quitte à terminer l'élargissement de toutes les parties de la voie après les acquisitions; seulement la ville n'étant pas requise de faire cet abaissement, a préféré attendre qu'elle fût propriétaire des parcelles en reculement pour opérer en une seule fois; mais elle pouvait parfaitement donner, dès 1859, satisfaction aux demandeurs.

Je pense, en conséquence, que le dommage éprouvé par MM. Million, Guiet et C⁰, au sujet de leurs constructions, doit être complètement attribué à la manière d'agir de ces industriels, et ne peut en aucune façon être imputé à la ville; il convient alors de rejeter la demande des plaignants et de leur enjoindre de reprendre en sous-œuvre leurs constructions, afin de permettre à la ville de Paris de compléter les déblais aux abords de leurs ateliers.

Reste à examiner la question de reculement.

Les demandeurs ont cédé à la ville par voie d'alignement une partie de leur terrain : la valeur de ce terrain doit être réglée d'après la loi du 16 septembre 1807, en tenant compte de la plus ou moins value.

Sur ce chef il existe des bases certaines, ce sont celles qui ont été fixées par le jury d'expropriation pour les portions de terrain retranchées sur toute la longueur du boulevard; la ville de Paris avait prétendu que la plus-value compensait la valeur des terrains retranchés et les frais de déblaiement, et elle n'offrait, en conséquence, que la somme de 20 fr. à chaque propriétaire; le jury n'a admis qu'en partie cette prétention, en la modifiant suivant la position. Il a reconnu que la plus-value était d'autant plus considérable que le terrain était plus près de la place de l'Etoile; c'est ainsi que pour les terrains éloignés de 16 mètres de la rue Saint-André et

moins bien placés que ceux de MM. Million, Guiet et Cⁱ, il n'a accordé qu'une indemnité de 5 fr. 40 c. par mètre retranché, lorsque les déblais étaient d'environ 5 mètres, tandis que cette indemnité a été de 17 fr. 50 à 30 mètres, et de 42 fr. 50 à
130 mètres, quoique les déblais allassent en décroissant à mesure que l'indemnité
augmentait; il en résulte que si MM. Million, Guiet et Cⁱ s'étaient exécutés et avaient
construit suivant les nivellements fixés, ils n'auraient eu droit, pour le terrain par
eux cédé (compensation faite de la plus-value résultant des travaux de la ville avec
les frais de déblaiement de leur terrain), qu'à une indemnité presque nulle par mètre
carré de terrain cédé à la voie publique.

Lorsque le jury d'expropriation a fixé les indemnités, il était loin de s'attendre à
la plus-value énorme que ces terrains ont reçue des travaux de la ville ; et si on compensait actuellement les dommages et la plus-value, la soulte serait de beaucoup en
faveur de la ville.

Ainsi, dans cette première hypothèse, il n'y a aucun dommage du fait de la ville ;
les dépenses des déblais sont inférieures à la plus-value constatée par un jury d'expropriation ; il n'y a lieu, par conséquent, à aucune allocation d'indemnité au profit
des demandeurs.

Maintenant, si le conseil de Préfecture, se plaçant dans la seconde hypothèse,
venait à admettre que MM. Million, Guiet et Cⁱ ont droit à une indemnité pour dommage,
malgré l'arrêté de nivellement qu'ils n'ont pas suivi, il est incontestable que les
travaux de la ville de Paris ont supprimé les moyens d'accès par deux portes d'entrée, celle qui servait pour le mouvement des bois et la porte charretière du milieu
de l'édifice. La première de ces entrées est à peu près indispensable d'après les dispositions actuelles des constructions pour l'arrivée des bois; la seconde n'a qu'une
importance très-secondaire, l'entrée principale de l'usine, la seule où il y ait un portier, étant sur la rue Saint-André. Ces deux portes se trouvent actuellement à six
mètres environ en contre-haut de la voie actuelle. Que doit la ville de Paris? La
réparation du tort causé par la suppression de ces deux issues et la reprise en sous-
œuvre de la façade de l'usine sur le boulevard.

L'usine (voir le plan à l'appui du rapport des experts) est actuellement sensible-
ment de niveau, à l'exception du magasin aux bois, situé à 1 m. 80 c., en moyenne,

au-dessus du reste des ateliers, avec lesquels il communique par un escalier. Les ateliers sont de plain-pied avec la rue Saint-André, sur laquelle ils ont leurs ouvertures. Le magasin des bois, quoique venant aboutir à cette même rue, n'a d'entrée, au contraire, que sur le boulevard, au moyen d'un passage longeant tout l'édifice. Ce qu'il s'agit surtout de rétablir, c'est l'entrée des bois, entrée indispensable à l'usine. La porte du milieu de l'établissement, donnant comme celle des bois sur le boulevard, est très-peu importante. Les ateliers pourraient même très-bien s'en passer sans dommage, mais comme il sera plus économique de démolir et de reconstruire le bâtiment en façade sur le boulevard que de le reprendre en sous-œuvre, cette porte se trouvera naturellement rétablie.

Pour arriver à faire disparaître le dommage apporté à l'usine actuelle, l'expert de la ville abaisse les bâtiments en façade sur le boulevard, ainsi que le passage des bois au niveau définitif des voies adjacentes, en laissant la partie centrale à son niveau actuel. Dans son estimation il retranche la plus-value des frais de reconstruction et de gêne industrielle pendant la durée des travaux.

L'expert des plaignants, au contraire, croit qu'il est absolument impossible de rien conserver, qu'il faut démolir l'usine, déblayer le terrain en entier et réédifier, en accordant de plus une indemnité considérable, tant pour le tort industriel apporté pendant les travaux, que pour le dommage permanent résultant de la pente générale qu'aura l'établissement neuf, pente égale à celle de la rue Saint-André et qui sera de 0,0438 par mètre si on abaisse jamais cette voie suivant les projets de la ville de Paris.

Aussi l'estimation des deux experts varie-t-elle de 66,000 à 890,000 fr., c'est-à-dire de 1 à 13.

On voit de suite que cette différence tient en partie à ce que l'un admet une plus-value, tandis que l'autre la repousse, contrairement cependant à une note de l'avoué des demandeurs, remise par eux au soussigné, le 18 mars, et dans laquelle ils admettent très-bien la plus-value, au cas où on tiendrait compte des frais de déblais sur la surface entière de la propriété. La différence tient en outre à ce que M. Guénepin pense que la rue Saint-André doit rester ce qu'elle est, avec un escalier de raccordement du côté du boulevard, tandis que M. Olive croit que cette rue doit, pour le moins, être raccordée à pleins jalons entre le boulevard et la rue du Bel-Air; il importe donc de bien spécifier dans quel sens le raccordement doit être exécuté.

Le projet de nivellement de ce quartier a été dressé par mon service et les instructions de M. le Préfet ont été d'étudier les nivellements sans modifier la rue du Bel-Air, en raccordant provisoirement la rue Saint-André avec le boulevard au moyen d'un escalier, mais en laissant toutefois, pour l'avenir, la possibilité de raccorder cette voie à pleins jalons, entre le boulevard du Roi de Rome et la rue du Bel-Air, c'est-à-dire avec une pente de 0,0438 par mètre.

S'il n'y a pas incertitude en ce qui concerne la rue du Bel-Air, on voit qu'il n'en est pas de même pour l'abaissement de la rue Saint-André; il faut alors provoquer une décision de M. le Préfet de la Seine, avant le jugement du conseil de Préfecture, afin de savoir au juste d'après quelle base il doit statuer. En attendant cette décision, je dois procéder à deux estimations dans l'hypothèse de chacun des deux modes de raccordement sus-indiqués pour la rue Saint-André.

L'établissement de carrosserie des demandeurs n'est pas de ceux qui exigent une installation très-méthodique; il ne s'agit point, en effet, dans l'espèce, d'une vaste usine fonctionnant partout au moyen de la vapeur, où le bois entre brut par une extrémité, pour en sortir par l'autre sous forme de voitures spéciales, comme wagons de chemin de fer, omnibus, etc., après avoir passé par une série de machines-outils, qui veulent des dispositions toutes particulières; il ne s'agit ici que d'un établissement de voitures de luxe, variant dans leur forme au gré de chaque acquéreur, ce qui rend le travail mécanique une exception, et force, comme dans la carrosserie fine, à l'emploi presque exclusif de l'ouvrier. Dans un pareil établissement, un bon nivellement n'est certes pas à dédaigner, mais en raison de leur légèreté, les voitures s'accommodent parfaitement bien, néanmoins, de niveaux différents; il suffit, pour s'en convaincre, de voir presque tous les ateliers de carrosserie fine, et même celui des demandeurs, où la plus grande partie du charronage et de la menuiserie s'exécute aujourd'hui au premier étage du bâtiment en façade sur le boulevard, au point précisément le plus distant du magasin des bois; de là, les caisses des voitures vont à l'autre extrémité des ateliers pour être ferrées, pour passer à la garniture et à la peinture, et pour revenir encore, afin d'être emmagasinées, au-dessous du point d'où elles étaient sorties.

Il n'y a donc pas lieu de se préoccuper outre mesure des questions de nivellement relatives à l'intérieur de l'usine, mais il est cependant très-utile, au milieu de ces mouvements répétés des produits fabriqués d'une extrémité à l'autre des ateliers, de conserver autant que possible le nivellement actuel. Aussi la solution que je propose, et qui n'est celle d'aucun des deux arbitres, laisse, à très-peu d'exceptions près, subsister l'état actuel des choses.

Dans le premier cas, qui est celui où la rue Saint-André reste à son niveau, je suppose qu'on démolira le bâtiment de façade sur le boulevard et qu'on le reconstruira exactement tel qu'il est, mais avec un étage de plus, occupant toute la hauteur comprise entre le sol de la grande cour et le niveau du boulevard (environ six mètres), et que l'appareil à élever et à descendre les voitures, qui existe actuellement entre le rez-de-chaussée et le premier étage, sera répété entre ce rez-de-chaussée actuel et le nouveau, établi de plain-pied avec le boulevard.

On voit immédiatement que de ce nouveau rez-de-chaussée on peut former le magasin de vente des voitures, magasin en façade sur un important boulevard et pouvant ainsi achalander l'établissement; quant au reste de l'établissement, on démolirait l'atelier des plaqueurs pour faire une très-large entrée au magasin des bois, qui serait déblayé au niveau de la rue Saint-André, c'est-à-dire au niveau du reste des ateliers; quoique les bois mis en œuvre n'aient qu'une faible longueur, il peut être avantageux, pour éviter des pertes résultant de fausses coupes, d'approvisionner des bois longs; il en existe sous les hangars ayant six mètres de longueur environ.

La disposition proposée permet d'entrer par la rue Saint-André, qui mesure huit mètres de largeur, avec des bois aussi longs que ceux dont on pouvait s'approvisionner par le passage actuel des bois, large de sept mètres. Les plaqueurs seraient reportés dans une partie des ateliers appelée actuellement magasin des voitures finies et devenue sans emploi par l'établissement du nouveau magasin du boulevard. Le passage actuel des bois, devenant inutile dans cette combinaison, pourrait être converti en magasin supplémentaire sur la moitié de sa largeur, qui appartient aux demandeurs, l'autre moitié dépendant des maisons voisines que la ville achète pour le raccordement de la rue des Bassins, entre le boulevard et la rue du Bel-Air.

Ce projet, comme on le voit, améliore l'usine, puisqu'il augmente sa surface utile sans changer en rien les dispositions actuelles et qu'il fait disparaître une différence de niveau entre les diverses parties des ateliers ; en outre, les travaux de la ville ont apporté une plus-value au prix vénal des terrains.

On peut objecter, il est vrai, que les travaux à faire apporteront une gêne momentanée au commerce des demandeurs ; mais elle sera de peu d'importance, car la guerre d'Amérique a réduit le chiffre des affaires des demandeurs à un tel point que les ateliers ne produisent plus que le tiers de ce qu'ils pourraient livrer ; il en résulte qu'en démolissant et en reconstruisant successivement par moitié le bâtiment du boulevard, les ateliers resteront bien assez vastes pour les affaires actuelles, et qu'il n'y aura qu'à déménager ce bâtiment, ainsi que le chantier au bois, assez peu garni pour le moment ; opération qui n'occasionnera qu'une dépense de quelques centaines de francs. Les travaux monteraient, dans l'hypothèse que je viens de développer, d'après l'estimation ci-jointe, à. . . . . 150,000 fr.

De cette somme de 150,000 fr., il faut déduire la plus-value donnée à l'immeuble par les travaux, plus-value que j'estime de la manière suivante :

La gêne qu'éprouveront les demandeurs pendant la reconstruction du bâtiment de la façade du boulevard et pendant celle des hangars de la cour des bois, compensera l'amélioration qu'ils obtiendront en ayant des ateliers entièrement de plain-pied et plus vastes que ceux qu'ils possèdent actuellement.

La plus-value résultant des travaux d'amélioration du boulevard s'étend sur les travaux que l'on peut construire en façade sur le boulevard, soit sur 30 mètres environ de profondeur.

Les terrains en façade valaient 60 fr. avant les travaux ; les proprié-

A reporter. . . . .   150,000 fr.

Report. . . . . 150,000 fr.

taires voisins demandent de terrains analogues et déblayés, 180 fr., ce
qui représente une plus-value de 120 fr. par mètre carré. Je réduis de
moitié cette plus-value, afin de tenir compte des exagérations possibles
des demandeurs, et parce que cette augmentation de valeur reste à l'é-
tat de capital mort tant que l'usine subsistera.

La surface, sur une profondeur de 30 mètres, étant de 1,605 mètres, la plus-value est de 96,300
dont il faut déduire les déblais restant à faire en dehors de
ceux prévus à l'estimation de constructions évaluées . . . 22,300   74,000

Reste pour indemnité. 76,000

Dans le second cas, qui est celui du raccordement à pleins jalons de la rue Saint-
André avec la rue du Bel-Air et le boulevard, la pente en long sur cette rue sera
de 0,0438 par mètre, et l'établissement sera déchaussé à son angle du côté de la
rue du Bel-Air de. 1^m,62
    Porte et cour de service. . . . . 2^m,62
    Vestibule. . . . . 3^m,03
    Passage des ouvriers. . . . . 3^m,65
    Au delà, il n'y a pas d'ouverture à l'angle du
    boulevard. . . . . 5^m,46

On voit tout de suite qu'il est beaucoup plus difficile de rétablir l'usine dans
sa situation ancienne.

M. Guénepin, qui a compris que M. le Préfet ne voulait pas modifier la rue
Saint-André, n'aborde pas cette solution. M. Olive au contraire, admettant que cette
rue doit être abaissée, ne voit d'autre solution que de tout démolir et de tout reconstruire; je crois qu'on peut arriver à un bon résultat sans employer un moyen aussi
radical.

Je n'ai pas la prétention d'imposer aux demandeurs un projet plutôt qu'un autre; je cherche seulement, en donnant une solution très-pratique, à indiquer au conseil avec quel chiffre de dépense on peut réparer complétement le dommage causé.

Le chiffre du dommage étant ainsi déterminé, si le conseil reconnait, contrairement à mon avis, que la réparation de ce dommage est due par la ville, les demandeurs feront de l'indemnité qu'ils recevront l'usage qu'ils croiront convenable.

De toutes les issues des ateliers sur la rue Saint-André, une seule est importante; c'est celle nommée *Passage des Ouvriers*, et il faut reconnaître que c'est elle qui commande toute la distribution avoisinante. C'est, à proprement parler, la seule et véritable entrée des ateliers, celle où se trouve le portier, devant les yeux de qui tout doit passer, ouvriers, matériaux, voitures chargées de fers et tous les menus matériaux qui se distribuent dans les magasins situés autour de la cour couverte.

Au devant de cette porte, il y aura un déblai de 3 m. 65; il sera donc impossible de la conserver comme voie charretière, et il faut chercher un autre moyen d'accès de la rue à la cour couverte.

Je propose, comme dans le cas précédent, de démolir et de reconstruire le bâtiment de façade de manière à laisser les ateliers dans leur situation actuelle et à établir en plus le magasin des voitures finies au niveau du boulevard; mais il faudra en outre, dans cette hypothèse, reprendre en sous-œuvre tous les murs de façade de la rue Saint-André, entre le niveau du sol des ateliers, et celui de la rue abaissée; démolir et supprimer les ateliers du plaqueur; démolir et reconstruire les hangars de la cour des bois après avoir abaissé cette cour de manière à la raccorder au niveau du sol futur de la rue déblayée de 1 m. 62 à l'angle de la propriété et à l'incliner à partir de la rue avec une pente de 0,045 par mètre, pour arriver de plain-pied aux ateliers de charronnage à l'extrémité opposée de la cour des bois.

On retrancherait sur la salle des garnitures un passage de voitures ayant la même pente de 0,045 passant par la baie qui correspond à l'écurie à déplacer et celle voisine de la machine à coudre, de manière à avoir un accès pour les voitures entre la rue et la cour couverte.

Alors le passage des ouvriers ne servirait plus que d'entrée aux piétons, au moyen d'un escalier franchissant les 3ᵐ,63 de différence à niveau. Le service se ferait un peu moins facilement qu'aujourd'hui, mais il serait plus facile que si l'on exécutait le projet de M. Olive, où tout l'abaissement aurait une pente de 0,0435, tandis que je le laisse de plain-pied avec une seule rampe formant la voie d'accès de la rue à la cour couverte.

Les travaux (voir l'estimation suivante, 2ᵐᵉ cas) coûteraient 180,000 fr.

Mais il est possible de mieux faire encore (voir l'estimation variante du 2ᵐᵉ cas, montant à 195,000 fr.), en supprimant complétement le passage des ouvriers, en le reportant à côté de la cour de service, et en établissant la loge du concierge entre les deux entrées, celle des voitures, qui resterait près de l'angle de l'établissement et celle des piétons, qui serait placée de l'autre côté de la loge, comme l'indique la feuille de retombe, sur le plan que je joins à ce rapport : alors, pour compléter l'ensemble des dispositions, il faudrait mettre à la place l'un de l'autre la caisse et le logement du directeur.

Avec de semblables modifications, le service sera aussi facile qu'actuellement et l'établissement gagnera en superficie la partie devenue vacante du passage des bois et tout le magasin de plain-pied avec le boulevard, sans compter la plus-value qu'a acquis le terrain proprement dit par les travaux de la ville de Paris ; toutefois je crois que dans cette hypothèse cette plus-value ne devra faire que compenser la gêne fixe apportée à l'établissement par une rampe d'accès de 4 c. 1|2 par mètre, venant diminuer la superficie de l'atelier des garnitures et par le dérangement provenant de la reprise en sous-œuvre de tous les murs de la façade sur la rue Saint-André et des diverses modifications intérieures.

L'indemnité, dans ce deuxième cas, devrait donc être fixée, conformément à l'estimation, à la somme de 195,000 fr.

Dans le premier comme dans le second cas, les demandeurs devraient effectuer les déblais de la voie publique, déblais qui doivent être faits en même temps que la reprise en sous-œuvre des constructions et dont la ville leur tiendrait compte en dehors des estimations précédentes à raison de 4 fr. le mètre cube, prix plus que suffisant, parce que les travaux du boulevard ont été exécutés à raison de 3 fr. le mètre cube.

Fait à Paris, le présent procès-verbal de contre-expertise, le 10 mai 1863.

L'Ingénieur en chef,

Signé : ALPHAND.

⁓⁓⁓⁓

DEVIS DESCRIPTIF DES TRAVAUX A EXÉCUTER

1° — *Cas où la rue St–André reste à son niveau actuel.*

Les travaux se composent :

1° De la démolition avec soin du bâtiment en façade sur le boulevard, de sa reconstruction avec les vieux matériaux, après le déblai du terrain jusqu'au niveau du sol actuel du boulevard, ainsi que de l'exécution en matériaux neufs d'un étage de soubassement, occupant la hauteur comprise entre le boulevard et la grande cour de l'établissement ;

2° De la démolition avec soin de l'atelier des plaqueurs, des hangars à bois, de la reconstruction de ces derniers, après avoir abaissé le sol au niveau de la rue Saint-André et des ateliers, et du remplacement de l'atelier des plaqueurs par une grande porte d'entrée.

2° — Cas où la rue St-André sera abaissée à pleins jalons entre la rue du Bel-Air

et le boulevard.

Les travaux se composent :

D'abord de ceux ci-dessus indiqués ;

3° D'un abaissement supplémentaire, de 1 mètre en moyenne, de la cour des bois;

4° Du déplacement de l'écurie, et de l'abaissement à pleins jalons de la cour de service entre la nouvelle chaussée de la rue Saint-André et le niveau des ateliers;

5° D'une chaussée à voitures à établir entre la cour des bois et la cour couverte;

6° D'un escalier dans le passage des ouvriers franchissant la différence de niveau entre la rue Saint-André abaissée et la cour de service ;

7° De la reprise en sous-œuvre des murs en façade sur la rue Saint-André.

3° — Variante de la deuxième hypothèse.

Les travaux ci-dessus, moins l'escalier (6°), et en plus :

8° Une loge de concierge entre l'entrée des bois et celle de la cour de service, devenant le passage des ouvriers ;

9° Modification de la distribution des parties occupées actuellement par le portier, les bureaux et caisse et le contre-maître.

DEVIS ESTIMATIF DES TRAVAUX A EXÉCUTER

1er Cas. — LA RUE SAINT-ANDRÉ RESTANT A SON NIVEAU.

1° Démolition et reconstruction du bâtiment en façade sur le boulevard du Roi de Rome, de 52m,60 de longueur sur 9,00 de largeur, produit 473m,40.

A 100 fr. le mètre. 47,340

Déblais des terres sur 53 m. de longueur, 9 m. de largeur et 6,50 de hauteur, y compris 0,30 en contrebas du sol, produit. 3,307m20

A 4 fr. le mètre. 13,228 80

Construction de l'étage de soubassement, comprenant deux murs de soutènement, d'ensemble 62 m. de longueur sur 6 m. 50 de hauteur, produit 403 m. et 1 m. 20 d'épaisseur, produit, 483,600.

A 23 fr. 60 le mètre 11,412 96

Le mur de façade et celui en retour à gauche sur la rue Saint-André, d'ensemble 62 m. de longueur sur 6 m. 50 de hauteur, produit 403 et 0 m. 60 d'épaisseur (avec socle en pierre) produit 241,800.

A 33 fr. 10 le mètre. 8,003 68

Le plancher en poutrelles de tôle et cornières avec arceaux en briques dans une surface de 51 m. sur 8, produit. . . . 408,00.

A 25 fr. le mètre. . . . . 10,200 »

Un grand escalier en charpente pour atteindre le sol du premier étage venant du rez-de-chaussée actuel, vaut, compris rampe et accessoires. 1,000 »

Reconstruction du petit escalier dans la cour. . . . . . . 500 »

Le sol bitumé produit une surface de 408 m.

A reporter. 91,685 34

Report.	91,685	34
A 7 fr. 05 le mètre, compris le béton.	2,876	40

Plus-value de 4 baies de porte pour fermeture des deux murs de refends. . . . . 600 »

Les étaiements des hangars valent. . . . . 1,000 »

Les enduits intérieurs et extérieurs des murs, compris décoration. . . . . 4,000 »

La peinture entière estimée. . . . . 750 »

Machine à monter les voitures. . . . . 1,500 »

2° Le déblaiement des terres de tout l'espace occupé actuellement par la cour des bois, 62 m. sur 16. . . . . 992 »

Et 1,80 de hauteur. 1,785 60

A 4 fr. le mètre. 7,142 40

Démolition avec soin et reconstruction des hangars aux bois :

50 m. sur 7m,50. 420

10 — 9m 90

16 — 6m 96

Ensemble. 606m

A 40 fr. le mètre. . . . . 24,240 »

Dépavage et repavage produit sur une surface de 250 mètres, à 1 fr. 50 le mètre . . . . 375 »

Percement d'une porte charretière dans le mur de face de l'atelier des plaqueurs, conservé comme mur de clôture et réparation dudit 600 »

Total	134,769	14
Honoraires et imprévisions . . .	15,230	86
Total. . . . . Fr.	150,000	»

2ᵉ Cas. — LA RUE SAINT-ANDRÉ ABAISSÉE.

Les travaux ci-dessus 134,769 14

3° Abaissement supplémentaire de 1 m. de la cour des bois. 606ᵐ

A 4 fr. le mètre . . . . 2,424 »

Plus-value pour le mur de face sur la rue St-André. . . . . 400 »

Mur de soutènement en vieux matériaux, du côté des propriétés voisines, de 88 m. sur 2,50 de hauteur moyenne et 0,80 d'épaisseur, produit. . . . . .176ᵐ »

A 14 fr. le mètre . . . . 2,464 »

4° Déplacement de l'écurie . . . . .15ᵐ »

A 50 fr. le mètre. . . . . 750 »

Abaissement de la cour de service sur 3 m. 50 produit une surface de 122ᵐ,50

Abaissement moyen, 1 m. 70, produit 208,25

Qui, à 4 fr. le mètre, donnent . . . . 833 »

Dépavage et repavage. 122ᵐ,50

A 1 fr. 50 . . . . 183 75

Mur de clôture entre la cour des bois et la cour de service en vieux matériaux, 35 m. de longueur,

Qui, à 20 fr., produisent . . . . 700 »

Reprise en sous-œuvre sur 2 m. de hauteur moyenne des murs du logement du directeur, de la salle des garnitures et de l'extrémité du charronnage, 45 × 2 × 0,80, produit. 72ᵐ

A 23 fr. 60 . . . . 1,699 20

Etaiements . . . . 200 »

Pose et dépose de portes . . . . 500 »

Deux latrines . . . . 1,000 »

5° Passage à travers la salle des garnitures, surface 12 m. sur 3 . . . . 36ᵐ

A reporter. 116,623,09

Report.	146,623	09
Pour déblaiement à 1 fr., pavage et raccords à 20 fr.	720	»

6° Escalier, construit en pierre dans le passage des ouvriers, de vingt-cinq marches de 1 mètre de largeur . . . .   2,000 »

7° Reprise en sous-œuvre sur la rue Saint-André, de la façade depuis le bâtiment reconstruit jusqu'à la cour de service. . 58^m sur 4 m. 50 réduits. . . . . 261^m sur 1 mètre d'épaisseur, font . . . . 264^m qui, à 6 fr. pour enlèvement des terres et 26 fr. pour maçonnerie, donnent. . . . .   8,352 »

Les étaiements à 10 fr. le mètre. . . . .   580 »

Raccords divers dans les intérieurs, pour dégâts pendant la construction du mur de soutènement. . . . .   1,000 »

Total.	158,375	09
Surveillance et imprévisions.	21,424	94
Total.	180,000	»

TROISIÈME VARIANTE

Report du cas précédent.	158,375	»
8° Une loge de concierge de 25 m. carrés, à 100 fr. le mètre. .	2,500	»
9° Changement de distribution dans les bureaux et logements.	10,000	»
Total.	171,075	»
A déduire :		
L'escalier.	2,000	»
Reste.	169,075	»
Honoraires et imprévisions.	25,925	»
Total.	195,000	»

Paris, le 10 mai 1863.

L'Ingénieur en chef,

Signé : ALPHAND.

RAPPORT

AU

CONSEIL DE PRÉFECTURE

Le Directeur du service municipal des travaux publics a l'honneur d'adresser au conseil de préfecture les renseignements complémentaires dont il annonçait l'envoi en lui transmettant, le 23 juin dernier, le dossier de la demande d'indemnité des sieurs Million, Guiet et Cᵉ.

MM. Million, Guiet et Cᵉ sont riverains du boulevard du Roi de Rome et de la rue Saint-André.

Il est décidé que cette rue sera raccordée par abaissement avec le boulevard.

Les demandeurs ont reçu, par un arrêté du 8 décembre 1858, les cotes de niveau qu'ils doivent suivre sur ces deux voies.

Ils ont répondu, par la signification du 6 janvier 1859, qu'ils ne se conformeraient point à cet arrêté, et qu'ils construiraient à l'altitude du sol actuel.

Ils ont, en effet, élevé leurs constructions ainsi qu'ils l'avaient annoncé.

Cette résistance aux prescriptions légitimes de l'autorité administrative, inscrite dans leur propre déclaration, et qu'ils ont confirmée par la construction de leurs bâtiments, ainsi que l'a constaté le procès-verbal du 7 juin 1859, leur ôte tout droit à une indemnité.

MM. Million, Guiet et Cᵉ, au lieu de contrevenir aussi formellement à l'arrêté du 8 décembre 1858, auraient dû demander le déblai des voies publiques au droit

sement de leur industrie, ne sachant pas combien de temps l'administration de la
Ville tarderait à exécuter les travaux d'abaissement (car ce n'était encore qu'un
projet qui pouvait être modifié et dont d'ailleurs l'exécution a été longtemps re-
tardée), les demandeurs ne purent pas se résoudre à construire leur usine dans une
immense excavation où leur industrie aurait été, temporairement au moins, privée
de tout accès. Les constructions furent donc établies à l'altitude du boulevard de
Passy et les demandeurs répondirent à l'arrêté d'alignement et de nivellement par une
signification du 6 janvier 1859, dans laquelle ils déclaraient rendre la ville de Paris
responsable u préjudice que les changements futurs pourraient leur occasionner. À
son tour le Préfet de la Seine fit constater par un procès-verbal du 7 juin suivant
que MM. Million, Guiet et Cie ne s'étaient pas conformés aux cotes de nivellement
qui leur avaient été assignées. (1)

Le projet d'abaissement du boulevard ne reçut son exécution dans la partie voisine de l'usine que dans le courant de l'année 1862, c'est-à-dire que l'exécution ne
commença que plus de trois ans et six mois après la demande d'alignement qu'a-
vaient formée les demandeurs en 1858. Ainsi se justifièrent les prévisions des demandeurs; car s'ils avaient ajourné la construction de leur usine jusqu'à la complète
exécution des travaux de voirie, leur industrie aurait éprouvé une suspension prolongée.

Dès qu'ils furent menacés de perdre leur accès sur le boulevard, et avant que
les travaux fussent arrivés au devant de leur usine, ils saisirent le Conseil de préfecture de la Seine, par requête du 24 juin 1861, d'une demande tendant à ce qu'il fût
procédé à la vérification des lieux et à la constatation du dommage qui résulterait
de la modification apportée aux accès de l'usine. Un rapport de l'ingénieur ordinaire, M. Darcel, approuvé par M. Alphand, ingénieur en chef, en date du
6 juillet 1864, conclut au rejet de la requête de MM. Million, Guiet et Cie, par le
motif que les constructions avaient été faites en connaissance de cause et au mépris
des cotes de nivellement notifiées par l'administration de la ville de Paris Un autre

____

(1) L'existence de ce procès verbal n'a été révélée qu'à l'occasion du procès. Il n'a jamais été notifié, ni suivi d'aucune
instruction.

rapport du chef de la troisième division, s'appuyant sur les mêmes raisons, demanda également le rejet pur et simple de la requête.

Sans s'arrêter à cette fin de non-recevoir, le Conseil de préfecture, par un arrêté du 20 novembre 1861, ordonna qu'il serait procédé à la vérification des lieux par MM. Guénepin, expert choisi par M. le préfet de la Seine, et Olive, expert choisi par les propriétaires de l'usine.

Aux termes de cet arrêté, les experts avaient mission de « vérifier si, comme » le prétendent les sieurs Million, Guiet et Cⁱᵉ, les travaux exécutés par la ville de » Paris leur ont causé un dommage direct et matériel dont il leur soit dû répara- » tion, et en cas d'affirmative d'évaluer l'indemnité à laquelle les demandeurs » peuvent avoir droit. »

MM. Guénepin et Olive procédèrent à l'expertise et se trouvèrent en complet dissentiment, tant sur le droit à indemnité que sur l'évaluation du préjudice. Renouvelant les prétentions émises dans les rapports précités de l'ingénieur ordinaire et du chef de la troisième division, M. Guénepin soutint que MM. Million, Guiet et Cⁱᵉ ayant construit en connaissance de cause, l'avaient fait à leurs risques et périls et qu'aucune indemnité ne leur était due. Pour le cas où une indemnité leur serait allouée, M. Guénepin estimait que le raccordement avec la voie publique ne coûte-rait pas plus de 213,896 fr. Mais comme, d'un autre côté, l'abaissement du sol donnerait, suivant lui, aux terrains une plus-value de 147,274 fr., l'expert choisi par la Ville concluait qu'on ne devait accorder aux demandeurs qu'une indemnité de 66,622 fr. M. Olive, au contraire, fut d'avis que pour être complet le raccorde-ment impliquait l'abaissement intégral de l'emplacement et par conséquent la reconstruction de l'usine. Or, il évaluait les frais d'excavation et de reconstruction à 438,948 fr. D'un autre côté, ces travaux devaient occasionner un déplacement temporaire d'industrie, des dépenses d'emménagement et de déménagement, des dégradations de l'outillage et des pertes de clientèle qu'il estimait à 466,000 fr., c'est-à-dire en tout 904,948 fr.

Conformément à la loi du 16 septembre 1807, M. Alphand, ingénieur en chef, *qui avait déjà conclu au rejet de la demande en approuvant le rapport de l'ingénieur ordinaire*, fut chargé de faire une tierce expertise. Suivant l'opinion qu'il avait déjà manifestée, il a été d'avis que MM. Million, Guiet et Cⁱᵉ n'avaient droit à aucune indemnité parce qu'ils avaient construit en connaissance de cause. Quant à l'évaluation de l'indemnité, il a ouvert un avis nouveau qui n'est ni celui de M. Guénepin, ni celui de M. Olive.

Il serait difficile de comprendre l'opinion de M. Alphand, si avant de l'exposer, nous ne connaissions la situation de l'usine.

L'établissement de MM. Million, Guiet et Cⁱᵉ se compose d'un bâtiment en façade sur le boulevard, percé au centre d'une porte qui servait, avant l'exécution des travaux, à l'entrée des gros matériaux, autres que les bois, et à l'expédition des voitures vendues. Au nord, un passage qui longe toute la construction jusqu'à l'extrémité ouest servait à introduire les bois ; ce passage aboutit directement à la cour des bois, qui est située tout-à-fait à l'ouest. Entre le bâtiment en façade sur le boulevard, à l'est, et la cour des bois à l'ouest, s'étendent de chaque côté, des constructions qui sont disposées méthodiquement pour les diverses opérations de la fabrication. La partie qui domine sur la rue St-André est percée de plusieurs ouvertures, dont l'une située au centre est appelée *Passage des ouvriers*.

Il résulte de là qu'avant l'exécution des travaux, l'usine de MM. Million, Guiet et Cⁱᵉ avait notamment trois issues : 1° Une issue centrale, qu'on peut appeler entrée principale ou d'honneur du bâtiment en façade sur le boulevard; 2° Un passage pour les fardiers de bois donnant aussi sur le boulevard; 3° Le passage des ouvriers sur la rue St-André. Ces accès avaient été ménagés de manière à concorder parfaitement avec les diverses opérations qui constituent le mouvement de fabrication.

La fabrication commence au premier étage du bâtiment en façade sur le boulevard. Là sont faites les caisses de voitures (1). Elles descendent par une trappe au rez de chaussée AA, où se trouvent, de chaque côté de l'entrée principale, les *magasins des voitures en blanc*. Le rez de chaussée a été affecté à l'emmagasinage des voitures en blanc parce qu'il est situé au-dessous de l'atelier de menuiserie; comme elles sont à l'état brut, les voitures n'ont pas à souffrir de la poussière que dégage l'atelier de

(1) Voir le plan annexé: les diverses parties de l'usine y sont désignées par des majuscules teintées en rouge.

menuiserie ; si elles étaient finies,. elles seraient endommagées par ce voisinage, et c'est pour cela qu'on ne pourrait pas les remiser au rez de chaussée.

Les caisses des voitures passent dans les bâtiments du nord, où se trouvent les forges B, pour y être ferrées. D'un autre côté, les ateliers de charronnage C qui sont situés à l'autre extrémité du même côté, envoient aux forges le complément du train; et les voitures complètes et ferrées entrent dans la salle de garniture D. Là elles ne stationnent que le temps nécessaire pour prendre la mesure des coussins et autres garnitures. On les envoie ensuite à l'atelier de peinture E, d'où elles reviennent à l'atelier de garniture pour y recevoir les pièces qui ont été préparées pendant les travaux de peinture ; elles retournent ensuite à la peinture pour le dernier vernis et de là vont à l'*atelier de finition* G, où on leur donne la dernière façon et, quand elles sont convenablement séchées, elles passent au magasin des *voitures finies* H, d'où elles ne sortent que pour la vente et l'expédition. Elles sortaient jusqu'à présent par la porte percée au centre du bâtiment sur le boulevard J.

Les ateliers de finition et les magasins de voitures finies sont tenus avec le plus grand soin, à l'abri de la poussière, de l'humidité, de la chaleur excessive ; car, les voitures de luxe sont des objets excessivement fragiles ; les couleurs se fanent promptement et les amateurs, qui ont le goût très-exercé, prononcent facilement sur la fraîcheur de la marchandise. C'est pour cela que les ateliers de finition et les magasins de voitures finies sont établis loin de la portion bruyante de la fabrication.

La façade sur le boulevard de Passy servait non-seulement pour la sortie des voitures vendues, mais aussi à l'introduction des bois, qui entraient au nord de l'usine par un passage assez large pour la marche des fardiers. Comme cet accès est définitivement perdu (dans aucun projet il n'est question de le conserver, même en le modifiant), M. l'ingénieur en chef a cherché à le remplacer de la manière suivante : la rue Saint-André, qui longe l'usine au midi, doit être raccordée à pleins jalons avec le boulevard du Roi de Rome, en vertu d'une décision du 10 juillet 1863 : de ce côté encore, l'usine perdra ses accès et tout le monde est d'accord pour reconnaître que le *passage des ouvriers*, situé au milieu de l'usine sur la rue Saint-André, ne pourra plus être fréquenté autrement que par un escalier et sera, par conséquent, inaccessible aux voitures et aux fardiers. Mais dans le projet de raccordement de la rue Saint-

André avec le boulevard, cette rue doit aller rejoindre à zéro la rue du Bel-Air, située au couchant de l'usine, en suivant une rampe de 0^m 045 par mètre. C'est dans la partie la plus voisine de la rue du Bel-Air et à l'angle sud-ouest de l'usine que la différence de niveau entre l'usine et la rue sera la moindre (elle sera encore de 1^m 125 environ). C'est à cette extrémité que M. l'ingénieur en chef propose d'établir une entrée pour les bois, la rue Saint-André étant, d'après lui, assez large pour le passage de bois ayant six mètres de long ; car, il reconnaît qu'il faut calculer sur des pièces de cette dimension ; ajoutons que ce passage, unique pour les voitures, ne servira pas seulement à l'introduction des bois, mais encore à l'entrée et à la sortie de toute espèce de voitures et des matériaux de toute sorte.

Notons en passant que M. Alphand en supprimant le passage actuel des bois, insinue que MM. Million Guiet et Cie pourront s'approprier 3^m 50 formant la moitié de la largeur de ce passage et établir sur cet emplacement des magasins nouveaux. M. le tiers-expert oublie que ce passage constitue une servitude commune à tous les riverains ; qu'il peut d'ailleurs devenir indispensable, dans un avenir plus ou moins éloigné, pour mettre les terrains du fond en communication avec la voie publique.

La seconde partie du projet proposé par M. Alphand (en ce point le tiers-expert se rapproche des idées de M. Guénepin) consiste à démolir le bâtiment en façade sur le boulevard et à le reconstruire après avoir déblayé le sol au niveau du boulevard. Ce nouveau bâtiment servirait à l'établissement d'un magasin de vente sur le boulevard. Au-dessus du rez-de-chaussée, qui aurait 6 m. de hauteur, les travaux de menuiserie continueraient à se faire comme par le passé. Il faudrait seulement raccorder ce bâtiment avec l'autre partie de l'usine qui serait toujours en contre-haut d'environ 6 mètres. Ce raccordement serait fait au moyen d'un escalier et d'une trappe pour descendre les voitures finies dans le magasin de vente du rez-de-chaussée. Non-seulement ce projet paraît à M. Alphand une complète réparation du préjudice, mais encore il en fait ressortir un des éléments de la plus-value, qu'il estime au total à 74,000 fr.

M. Alphand ne propose cependant pas de défalquer cette somme des 105,000 fr. d'indemnité, parce que, n'accordant pas d'indemnité industrielle, il la compense avec le préjudice résultant de la gêne que doit causer l'exécution des travaux de raccordement.

M. Alphand avait alternativement fait un autre projet, pour le cas où la rue Saint-André ne serait pas abaissée à pleins jalons; mais il est inutile de discuter cette partie de son rapport, puisque la ville de Paris, démentant des dénégations réitérées, a officiellement manifesté son intention de faire le raccordement.

Nous n'avons pas non plus à répondre à un autre point traité par M. Alphand : nous voulons parler du terrain exproprié par voie de retranchement, sur le boulevard, dès 1858 : le règlement de l'indemnité due aux demandeurs de ce chef appartient au jury; les experts n'étaient point saisis de cette question et le Conseil de préfecture n'a point à la trancher.

Après ce court exposé des faits, nous allons démontrer que MM. Million, Guiet et Cie ont droit à une indemnité, que cette question a été jugée par le Conseil de préfecture et que l'indemnité proposée par MM. Guénepin et Alphand est hors de toute proportion avec le préjudice.

———

PREMIÈRE PARTIE.

———

FIN DE NON-RECEVOIR.

Il est inutile d'insister sur le dommage *direct et matériel*, puisque les experts et le tiers-expert sont tous d'accord pour en reconnaître, dans cette affaire, les caractères les plus évidents. Ce dommage direct et matériel, dont une définition exacte et complète serait si difficile, se présente ici avec un tel degré d'évidence que tous les experts l'ont reconnu. M. Alphand lui-même s'est rendu. Toute la question consiste donc à savoir si la fin de non-recevoir, tirée de l'arrêté du 8 décembre 1858, a la valeur qu'on lui attribue dans l'intérêt de la ville de Paris.

Cette fin de non-recevoir doit être repoussée en fait et en droit.

En fait, le nivellement indiqué était impraticable, et d'ailleurs il n'a pas été suivi par la Ville elle-même, puisque le niveau nouveau du boulevard n'est pas celui que la Ville avait indiqué en 1858.

En droit, l'arrêté du Conseil de préfecture qui a ordonné l'expertise constitue une décision interlocutoire ; dans tous les cas, l'arrêté du 8 décembre 1858 était contraire à la loi, et les demandeurs n'étaient pas tenus de s'y conformer.

Quelques mots sur chacune de ces propositions :

1° SUR LE FAIT.

Pour se conformer au nivellement, MM. Million, Guiet et Cⁱᵉ auraient été obligés de construire leur usine à six mètres en contre-bas de tous les accès voisins, c'est-à-dire dans un véritable trou, sans air, sans accès, sans écoulement possible. La Ville, dit M. Alphand, aurait, sur leur demande, déblayé le sol ; mais il aurait fallu qu'au lieu de construire sans tenir compte de l'arrêté du 8 décembre 1858 ils demandassent à l'administration de hâter les travaux sur ce point. M. le tiers-expert nous donne l'assurance qu'on aurait fait pour eux ce qui, dit-il, a été fait pour Mˡˡᵉ Léon, qui a obtenu l'exécution d'urgence des travaux dans la rue Christophe-Colomb. Le boulevard ayant une largeur de 40 mètres, il était facile de déblayer tout le côté droit sur une largeur de 20 mètres.

Nous ferons remarquer d'abord qu'entre l'exemple opposé et l'affaire actuelle il y a une différence considérable, qui rend impossible toute conclusion d'un cas à l'autre. L'exécution d'urgence ordonnée pour Mˡˡᵉ Léon ne portait que sur une petite étendue, et il n'y avait nulle difficulté à anticiper l'époque de l'exécution des déblais. La vérité, c'est que Mˡˡᵉ Léon a eu la bonne fortune de faire exécuter ses travaux de construction au moment où la Ville a opéré le déblai des immenses terrains qu'elle avait achetés ; la vérité, c'est que la ville de Paris avait plus que qui que ce soit un intérêt considérable à ce déblaiement, puisqu'elle est propriétaire de vastes terrains situés du côté opposé de la rue Christophe-Colomb et qu'elle mettait ainsi en valeur.

Dans notre espèce, la ville de Paris n'avait pas pour stimuler son activité l'intérêt de spéculation pour ses propres terrains ; il n'aurait pas suffi d'ailleurs de déblayer au droit de l'usine, et ce déblai anticipé n'aurait servi à rien s'il n'avait porté sur toute la longueur du boulevard. L'abaissement du sol en face de la propriété des demandeurs, s'il n'avait pas été continué, n'aurait fait qu'agrandir l'excavation sans rétablir les communications.

Remarquons aussi que les travaux n'ont été exécutés qu'en 1862, c'est-à-dire trois ans et six mois après la notification du nivellement. Ce temps est considérable et MM. Million, Guiet et Cⁱᵉ étaient fondés à craindre un retard plus long. Les administrations ne sont pas éternelles ; ne pouvait-il pas arriver que l'activité de M. le Préfet actuel s'arrêtât tout-à-coup, et que son successeur apportât d'autres dispositions dans la conduite des travaux de la ville de Paris ? Quoi qu'il en soit, l'événement a prouvé que l'anticipation des travaux aurait dû être d'au moins trois ans.

A qui fera-t-on croire qu'on aurait pris le parti d'exécuter ce déblai partiel sur une moitié de la chaussée, au risque de rendre la circulation incommode sur une des voies les plus fréquentées ? La ville de Paris a d'ailleurs un budget réglé, dont les dispositions et divisions obligent M. le Préfet. MM. Million, Guiet et Cⁱᵉ pouvaient-ils connaître les moyens financiers extraordinaires qui serviraient à cette exécution anticipée ? S'il en existait, M. le Préfet, qui pouvait seul en apprécier l'étendue, avait un moyen bien simple de prouver sa bonne volonté. Lorsqu'on lui notifia, le 6 janvier 1859, la déclaration par laquelle la Ville était rendue responsable du préjudice que pourrait occasionner l'exécution des travaux, il n'avait qu'à déclarer officiellement que les travaux allaient être exécutés d'urgence. Ainsi auraient cessé toutes les incertitudes, et devant cette preuve de justice et de bon vouloir, les demandeurs se seraient certainement arrêtés. M. Alphand, qui se montre en ce point préoccupé de ses fonctions d'ingénieur en chef autant que de sa qualité de tiers-expert, allègue aujourd'hui une bonne volonté qui n'a jamais existé. Ne nous est-il pas facile de renvoyer à l'administration les reproches que nous adresse le directeur des travaux ? Si nous avons eu tort de ne pas demander l'exécution d'urgence, la Ville a eu le tort plus grand de ne pas nous l'offrir spontanément. Notre demande pouvait être vaine, tandis que son offre ne pouvait pas manquer d'être efficace. Nul n'ignore, en effet, que la Ville ne peut être contrainte à faire sur la voie publique tels ou tels travaux ; à quoi bon, dès lors, une sommation à laquelle la Ville n'était pas tenue de se conformer, et qui ne pouvait avoir aucune sanction ? Cette demande, au surplus, nous l'avons faite, puisqu'elle était implicitement contenue dans la notification du 6 janvier 1859. La forme, à la vérité, s'éloignait du ton respectueux de la pétition administrative; mais la forme n'emporte pas le fond, et on ne peut pas vouloir que des propriétaires dont la fortune est menacée parlent comme des solliciteurs qui demandent une faveur. Quand nous disions à la ville de Paris : « Nous vous rendons responsable du préjudice que pourra occasionner » l'exécution des travaux, » cela équivalait au moins à une demande d'exécution d'urgence. Il est vraiment extraordinaire que l'énergie de notre langage ait empêché M. l'ingénieur en chef d'en comprendre le sens. Soyons vrais; la bonne volonté de l'administration est une ingénieuse invention trouvée *ex post facto*. On ne fera pas croire à des juges impartiaux qu'elle ait jamais existé réellement. La bonne volonté s'offre volontairement et ne s'excuse pas de sa tiédeur en alléguant qu'on ne l'a point provoquée à s'exercer. Bientôt, d'ailleurs, viendra l'examen de la question de droit, et nous verrons que, d'après la loi, c'était à la Ville d'offrir le déblaiement, et non aux propriétaires de le demander.

Le niveau actuel du boulevard n'est pas celui qu'énonçait l'arrêté du 8 décembre 1858. L'article 1er de cet arrêté est ainsi conçu : « La ligne d'intersection du » plan du trottoir avec le mur de face de la propriété sera établi aux cotes suivantes » du nivellement de la mer, savoir : à l'extrémité de la propriété sur la rue Saint- » André à la cote de 63^m 26 ; à l'angle commun à la rue Saint-André et au boulevard » à la cote de 60^m 78 ; à l'autre extrémité sur le boulevard n° 5 à 60^m 94. »

Ceci indiquait un abaissement de 4^m 71 à l'angle du boulevard et de la rue Saint-André. Le 7 juin 1859, l'administration a fait dresser un procès-verbal. Quoique cet acte n'ait jamais été notifié à MM. Million, Guiet et Ce, que partant il n'ait aucune valeur contre eux, il est très-important cependant d'en examiner les énonciations, car on y trouve déjà des cotes de nivellement qui ne sont plus celles de l'arrêté de 1858.

Le procès-verbal énonce que le seuil de l'entrée principale sur le boulevard étant à 65^m 85 au-dessus du niveau de la mer, au lieu de l'être à 59^m 48, on s'est établi à 6^m 41 au-dessus du plan fixé. Ce ne sont déjà plus les cotes de l'arrêté du 8 décembre 1858, qui cependant est visé dans le procès-verbal, car l'arrêté de nivellement indiquait la cote 60^m 78 à l'angle de la rue Saint-André, soit au seuil 60^m 86,

tandis que le procès-verbal indique au seuil 59ᵐ 48 ; or, cela fait une différence de
1ᵐ 38 que le procès-verbal a bien soin de ne pas même laisser soupçonner.

Le niveau définitif, c'est-à-dire celui qui a été exécuté, n'est pas plus conforme
aux cotes du procès-verbal qu'à celles de l'arrêté de nivellement. L'arrêté portait
pour l'angle de la rue Saint-André et du boulevard la cote de 60ᵐ 78, soit pour le
seuil 60ᵐ 86 ; le procès-verbal indiquait, pour le même point (au seuil), la cote de
59ᵐ 48, et la cote moyenne actuelle est de 59ᵐ 68.

En d'autres termes, l'arrêté de nivellement présumait un abaissement de
4ᵐ 71 ; le procès-verbal impliquait un déblai de 5ᵐ 91, et le niveau définitif a été
établi par un déblai moyen de 5ᵐ 75.

Rien de tout cela ne concorde.

Que faut-il conclure de ces variations? Elles prouvent que ni en 1858, ni en 1859,
l'administration de la Ville ne savait quel serait le niveau définitif du boulevard ;
que, sur ce point, il n'y avait rien de certain ni d'officiel. On comprend donc que la
Ville n'ait pas spontanément offert de faire le déblai. M. Alphand devrait comprendre
aussi que si les propriétaires ne l'ont pas demandé, il n'y a pas de grief à leur
imputer.

Que serait-il arrivé si MM. Million, Guiet et Cᵢᵉ avaient construit conformément
au nivellement de l'arrêté? Leur usine serait aujourd'hui à 1ᵐ 04 au-dessus du
niveau du boulevard à l'angle de la rue Saint-André; leur entrée principale sur le
boulevard serait à 1ᵐ 31 en contre-haut. La situation serait presque identique à
celle dont nous nous plaignons.

2° Sur le droit.

La décision du Conseil de préfecture, en date du 20 novembre 1861, est une
décision interlocutoire, qui tranche en principe le droit à indemnité. Nous avons vu
que devant le Conseil la Ville a opposé la fin de non-recevoir tirée de l'arrêté du
8 décembre 1858; que l'ingénieur en chef et le chef de la troisième division ont, par
ce motif, conclu au rejet pur et simple. Si le Conseil a ordonné l'expertise, c'est
qu'il a décidé qu'il n'y avait pas lieu de s'arrêter à la fin de non-recevoir.

Quelle autre signification pourrait-on donner à cet arrêté? L'expertise à la vérité est obligatoire ; elle ne l'est cependant que pour fixer le quantum de l'indemnité. Si le droit à indemnité n'est pas reconnu, il est bien inutile de nommer des experts pour faire évaluer un dommage dont la réparation ne sera pas due. Le Conseil rejette même *de plano*, par le motif que le dommage allégué n'est pas direct et matériel. A plus forte raison aurait-il pu rejeter sans nomination d'experts, en se fondant sur une fin de non-recevoir tirée de ce que les propriétaires avaient construit contrairement à l'arrêté de nivellement, et, par conséquent, à léurs risques et périls.

Il est vrai que devant les Conseils de préfecture, toutes les régles de la procédure civile ne sont pas applicables ; mais si le Code n'est pas une loi obligatoire devant la juridiction administrative, la nature des choses y est aussi puissante que partout ailleurs. Eh ! bien, la distinction entre le *préparatoire* et l'*interlocutoire* est une régle de sens commun qu'il faut suivre tout aussi bien en matière administrative que devant les tribunaux de droit commun. Qu'on ne transporte pas dans la procédure administrative toutes les créations plus ou moins artificielles de la loi civile, les délais, les déchéances, les nullités non substantielles, rien de mieux ; mais il est des régles de procédure rationnelle qui font autorité partout, et de ce nombre est la différence du préparatoire et de l'interlocutoire. Il est rationnel qu'on donne aux décisions des juges, quels qu'ils soient, la portée qu'elles doivent nécessairement avoir. Or, lorsqu'un arrêté, sans s'arrêter à une fin de non-recevoir, ordonne une mesure d'instruction pour juger le fond, l'opinion du juge est manifestée ; il entend repousser la fin de non-recevoir et il reviendrait sur sa première décision si la fin de non-recevoir était accueillie plus tard. Nous ne croyons pas qu'il soit utile de contester au Conseil de préfecture le droit de se contredire ; alors même que cette faculté leur appartiendrait, il ne viendra certainement pas à l'esprit de magistrats éclairés et sérieux d'en faire usage.

On pourrait opposer un précédent. Dans une affaire jugée le 19 août 1859, M. Rieux soutenait que, s'il avait pris l'engagement de tolérer les travaux sans indemnité, les limites de l'autorisation par lui donnée avaient été dépassées par l'administration. Un premier arrêté avait ordonné l'expertise, et puis il a été jugé que l'expertise étant obligatoire, l'arrêté qui l'ordonnait n'était que préparatoire. — On remarquera que dans cette affaire il y avait des faits à vérifier, et c'est pour ce motif que l'expertise avait été jugée nécessaire; car, tout le procès consistait dans la question de savoir si l'autorisation avait été ou non dépassée, ce qui n'était qu'une question de fait. Mais si aucune contestation ne s'était élevée sur les faits, et qu'il se fût agi simplement d'appliquer l'autorisation non contredite, l'expertise n'aurait évidemment pas été obligatoire.

S'il est des cas où l'expertise ne doit pas nécessairement être ordonnée, il en faut conclure que l'arrêté qui la prescrit, dans ces circonstances, est une décision interlocutoire préjugeant le fond, tranchant la question du droit à indemnité, sauf fixation ultérieure du montant des dommages et intérêts. Dans notre affaire, il était reconnu par toutes les parties que l'arrêté de nivellement avait été notifié et que les demandeurs ne s'y étaient pas conformés. Le Conseil aurait-il ordonné une expertise coûteuse, pour repousser la demande par une fin de non-recevoir qui pouvait être immédiatement jugée? MM. Guénepin et Alphand font injure au Conseil de préfecture, lorsqu'ils le jugent capable d'avoir ordonné des frais inutiles et une perte de temps prolongée.

Opposera-t-on qu'une disposition de l'arrêté du Conseil de préfecture *in fine* réserve expressément les droits des parties? Cette réserve n'a pas pu avoir pour objet de réserver ce qui était jugé par le Conseil de préfecture. Soutenir le contraire serait prêter au Conseil l'étrange pensée de défaire par la réserve ce qu'il avait fait par l'arrêté.

Il est superflu d'insister plus longuement sur ce point, d'autant plus que MM. Million, Guiet et Cie vont démontrer que l'arrêté du 8 décembre 1858 était illégal et que partant ils n'étaient pas tenus de s'y conformer.

Lorsqu'un propriétaire veut élever des constructions le long d'une rue, il doit, conformément au décret du 26 mars 1852, sur les rues de Paris, demander à M. le préfet l'alignement et le nivellement. « Tout constructeur, dit l'art. 3 du décret, » avant de se mettre à l'œuvre, devra demander l'alignement et le nivellement de la » voie publique *au-devant du terrain* et s'y conformer. » Le décret ayant été rendu en vertu des pouvoirs dictatoriaux du président de la République, il n'y a pas de travaux préparatoires qui puissent nous éclairer sur le sens de cette disposition. Mais les règles de l'interprétation juridique ne permettent pas qu'on lui donne le sens adopté par l'administration de la Ville. Le nivellement est une aggravation de la servitude d'alignement que les lois générales ont établie dans toute la France. Cette aggrava tion, qui est spéciale aux propriétés de la capitale et de quelques autres grandes villes, si elle était entendue dans un sens exagéré, équivaudrait dans certains cas à une véritable confiscation administrative de la propriété. Or, la première condition à observer, lorsque la ville donne un nivellement, c'est que le sol de la voie publique corresponde exactement au niveau qui est assigné aux propriétés riveraines. Si la loi exige que le propriétaire bâtisse au niveau de la voie, encore faut-il qu'il s'agisse d'un niveau existant et non d'un niveau projeté et d'une réalisation incertaine. La loi n'a pas pu vouloir qu'en attendant le propriétaire fût obligé de construire dans une fosse privée de toute communication avec les parties voisines; autrement l'exercice du droit de propriété pourrait être suspendu par un arrêté de nivellement jusqu'à ce qu'il plût à la Ville d'exécuter les projets d'abaissement de la voie publique. En obligeant les propriétaires à demander le nivellement, le législateur a voulu seulement que l'administration fût avertie et qu'elle pût assez à temps niveler la voie publique, pendant que le propriétaire exécuterait lui-même ses travaux.

Mais il n'a certainement pas pu vouloir que, pour un projet de réalisation incertaine, l'administration pût indéfiniment suspendre l'exercice du droit de propriété; car, c'est le paralyser que d'arrêter la faculté de construire en prescrivant des conditions impossibles. La loi n'accorde aux propriétaires aucun moyen, ni ordinaire, ni extraordinaire, pour forcer l'administration à exécuter les projets de nivellement par abaissement de la voie publique. Non-seulement elle peut modifier son projet ou en retarder longtemps l'exécution; elle peut encore y renoncer entièrement, et, après avoir tenu en suspens les propriétaires riverains, leur rendre la liberté de construire à leur gré s'ils n'ont pas obéi, ou les laisser dans la fosse s'ils ont exécuté l'arrêté de nivellement. Est-ce là ce qu'a pu vouloir le législateur de 1852? Est-il possible surtout de donner un sens aussi exorbitant aux termes si peu explicites de cette loi? Quand la rédaction de la loi permet le doute, il faudrait mal connaître les règles de l'interprétation juridique pour se montrer à ce point favorable au développement de la servitude contre la propriété.

Au surplus, la ville de Paris ne soutient pas toujours le même système; cela dépend des jours et des causes. Qu'on nous permette de rappeler quelques faits.

Un sieur Lefuel, propriétaire d'un terrain sis à Paris, rue du Rocher, demande un alignement avec nivellement. On lui délivre un nivellement qui l'obligeait à construire à 7 mètres en contrebas du sol non encore abaissé de la rue du Rocher. Il déféra au conseil d'Etat les arrêtés du préfet de la Seine comme constituant une atteinte à sa propriété, et, par conséquent, comme étant entachés d'*excès de pouvoir*. M. le préfet, qui n'a pas une entière confiance dans son interprétation du décret du 26 mars 1852, a déserté le débat et permis au sieur Lefuel de construire suivant l'altitude ancienne de la rue du Rocher.

Un sieur Bernardet, propriétaire de terrains sis à Paris, rue de Hambourg, demande l'alignement avec nivellement. On lui délivre un nivellement qui l'oblige à construire à 0m 20 en contrebas du niveau réel et non encore abaissé de la rue de Hambourg. Pourvoi devant le Conseil d'Etat, qui à la vérité rejeta la demande, mais par des motifs où MM. Million, Guiet et Cⁱᵉ trouvent une pleine justification de leur conduite : « Considérant, dit l'arrêt du Conseil d'Etat du 18 décembre
» 1862, que le nivellement donné par le Préfet de la Seine sur la demande pré-
» sentée par le sieur Bernardet, en exécution de l'art. 3 de notre décret du 26 mars
» 1852, ne résultait d'aucun plan approuvé par l'autorité compétente; *qu'il ne pouvait*
» *être considéré que comme une indication des projets de l'administration, à laquelle*
» *le sieur Bernardet n'était pas tenu de se conformer.*

» Qu'il suit de là que le sieur Bernardet n'est pas recevable, quant à présent,
» à réclamer une indemnité pour le dommage que pourraient lui occasionner les
» modifications au niveau de la rue de Hambourg, tel qu'il existait au moment où
» il a été statué sur sa demande. »

Ainsi, MM. Million, Guiet et Cᵉ qui n'ont pas voulu se conformer à l'arrêté de nivellement ont agi selon leur droit et leur conduite est justifiée par les motifs formels d'un arrêt du Conseil d'Etat. C'est le dernier coup porté à la fin de non-recevoir que MM. Guénepin et Alphand persistent à opposer. Combien d'autres exemples analogues ne pourrions-nous pas citer où la ville de Paris n'a pas plus déblayé la voie publique qu'elle ne l'a fait pour MM. Lefuel et Bernardet ! à ceux-là l'on n'a pas dit qu'on pouvait déblayer. La raison en est simple : c'est en 1862 et non en 1858 qu'on tient ce langage à **MM. Million, Guiet et Ce**; on leur dit : *nous aurions* déblayé ; cela ne coûte rien à dire aujourd'hui qu'est arrivée l'époque fixée pour l'exécution de l'ensemble des travaux du boulevard : mais on se garde bien de le dire lorsque l'exécution doit suivre aussitôt la promesse.

En résumé, sur la première partie :

1° En fait, les propriétaires n'étaient pas tenus de demander le déblaiement parce qu'ils n'avaient aucun moyen de contraindre la Ville à l'exécuter.

2° La Ville qui connaissait mieux que les demandeurs ses propres ressources financières, aurait dû offrir spontanément l'anticipation des travaux d'abaissement;

3° La sommation du 6 janvier 1859 par laquelle **MM. Million, Guiet et Ce** rendaient la ville responsable du préjudice futur équivalait au moins à une demande d'anticipation des travaux.

4° Le nivellement qui a été définitivement exécuté n'est ni celui de l'arrêté du 8 décembre 1858, ni celui du procès-verbal dressé le 7 juin 1859. Il y a entre eux une différence d'environ un mètre et quatre à six centimètres.

5° En droit la question du droit à indemnité est tranchée, l'arrêté du 20 novembre 1861, qui ordonne l'expertise, étant interlocutoire. En admettant que le Conseil puisse se déjuger, les exposants ne peuvent pas craindre que le Conseil use de cette faculté.

6° L'arrêté de nivellement n'était pas légal et les demandeurs n'étaient pas tenus de s'y conformer puisqu'il n'y avait encore aucun plan qui eût été officiellement arrêté par l'autorité compétente.

7° Enfin, un arrêt du conseil d'Etat du 18 décembre 1862 (affaire *Bernardet*) prouve que MM. Million Guiet et Ce n'étaient pas tenus de se conformer à un nivellement qui ne faisait partie d'aucun plan officiellement arrêté.

DEUXIÈME PARTIE.

—

Les évaluations de l'indemnité par M. le tiers-expert reposent sur le projet de raccordement qu'il a proposé. Nous avons donc à examiner d'abord si ce projet est praticable et si, en le supposant exécuté, l'usine de MM. Million Guiet et Cᵉ aurait des accès suffisants pour son exploitation.

Le tiers-expert reconnaît que : « il est incontestable que les travaux de la ville de » Paris ont supprimé les moyens d'accès par deux portes d'entrée, celle qui servait » pour le mouvement des bois et la porte charretière du milieu de l'édifice. »

Plus loin il ajoute : « Ce qu'il s'agit surtout de rétablir, c'est l'entrée des bois, » *entrée indispensable à l'usine.* »

Or, voici comment il propose d'y suppléer.

Il abaisserait le chantier des bois de 3ᵐ,80 en moyenne, de manière à le raccorder au niveau du sol futur de la rue déblayée de 1ᵐ,62 à l'angle de la propriété et à l'incliner à partir de la rue, avec une pente ascendante de 0ᵐ,045 par mètre, pour arriver de plain-pied à l'extrémité opposée de la cour des bois. Il placerait l'entrée des bois et voitures à l'angle sud-ouest de l'édifice sur la rue Saint-André, au point le plus rapproché de la rue du Bel-Air, on gravirait le chantier des bois, et, arrivé à la hauteur de l'écurie, comme il y aurait à ce point une différence de niveau de 72 centimètres avec le reste des ateliers, on se rendrait à la cour couverte et de là dans le surplus de l'usine par un passage ayant la même pente de 0ᵐ,045, retranché sur la salle des garnitures, et passant par la baie qui correspond à l'écurie à déplacer et celle voisine de la machine à coudre.

Une seule voie charretière remplacerait donc les différentes issues charretières également qui desservaient l'usine avant les travaux d'abaissement, à savoir : 1° le passage du chantier des bois, 2° la grande porte du boulevard, 3° l'entrée des ouvriers, 4° l'entrée du logement du contre-maître, desservant au besoin l'atelier de garniture, 5° l'entrée desservant les communs dans lesquels se trouvent écurie, remises, hangar, etc.

Nous ferons remarquer que ce projet suppose qu'on n'abaissera pas le sol de la rue du Bel-Air. Tout semble indiquer cependant que l'on ne tardera pas à pratiquer de ce côté un abaissement considérable. Nous n'en voulons aujourd'hui qu'une preuve. La rue Saint-André n'a que 128 mètres de longueur, et pour la raccorder à pleins jalons avec le boulevard du roi de Rome, il faut gagner 3^m 75 par une rampe établie sur une longueur de 128 mètres seulement. Ce travail ne ferait pas honneur à l'administration des ponts et chaussées, si on n'avait pas le projet de pratiquer plus tard un écrètement à la jonction de la rue Saint-André avec la rue du Bel-Air. Il est vrai que la Ville nie l'existence d'un pareil dessein. N'a-t-on pas nié aussi que l'on dût raccorder à pleins jalons la rue Saint-André avec le boulevard? Cette dénégation n'a-t-elle pas été faite à plusieurs reprises? Monsieur le tiers-expert lui-même n'a-t-il pas mis son *vu et approuvé* sur un rapport du 6 juillet 1861, où l'on disait que la rue Saint-André ne serait raccordée qu'à l'extrémité du boulevard, et cela alors qu'existaient déjà les instructions contraires qu'il relate lui-même dans son rapport comme tiers-expert? Cette assertion n'a-t-elle pas été répétée dans un rapport du 6 septembre 1861, et par M. Guénépin dans son procès-verbal d'expertise? La décision du 10 juillet 1863 a démontré quelle était la sincérité de ces dénégations. Nous avons le droit de n'avoir pas plus de confiance aujourd'hui en celles qu'on fait au sujet de la rue du Bel-Air. Mais puisque la Ville affirme que cet abaissement n'aura pas lieu, il faut bien raisonner en se plaçant dans cette hypothèse, quelque improbable qu'elle soit : il nous sera seulement permis de nous étonner qu'une grande administration comme celle de la ville de Paris nous fournisse l'occasion de la rappeler à la vérité, nous ne voulons pas dire à la bonne foi.

Même en supposant que la rue du Bel-Air ne soit pas abaissée, le projet de M. Alphand n'est pas moins impraticable.

Nous ferons remarquer d'abord que le projet a l'inconvénient grave de diminuer le chantier des bois et de rogner la salle des garnitures. Comme il doit servir à l'entrée et à la sortie, il faut qu'il soit assez large pour que les fardiers qui entrent puissent se rencontrer avec les voitures qui sortent, si les entrants et les sortants ne pouvaient pas se croiser, il en résulterait une gène constante dont il faudrait tenir compte en fixant l'indemnité. La largeur du passage aura nécessairement pour effet de restreindre le chantier des bois.

Or, à Paris on ménage les terrains, et, en établissant leur usine, les exposants n'ont donné à leur chantier qu'une étendue superficielle en rapport avec les besoins présumés de la fabrication. Où feront-ils le dépôt des bois lorsque le chantier aura été réduit jusqu'à insuffisance? C'est là un inconvénient grave; voici une impossibilité.

Lorsqu'il a visité le chantier des bois, M. Alphand a trouvé sous les hangards des bois mesurant 6 mètres de longueur; il aurait pu en voir de 8 à 10 mètres, s'il avait regardé avec plus de soin. Le tiers-expert reconnaît d'ailleurs que, bien que les brancards des voitures ne mesurent pas cette longueur, « il peut être avantageux, pour » éviter des pertes résultant de fausses coupes, d'approvisionner des bois longs. »

Admettons provisoirement la longueur de six mètres. « La disposition proposée, dit M. Alphand, «permet d'entrer par la rue Saint-André, qui mesure huit mètres » de largeur, avec des bois aussi longs que ceux dont on pouvait s'approvisionner » par le passage actuel des bois, large de sept mètres. »

Ce calcul peut être ingénieux, mais il est complètement faux.

D'abord toute comparaison avec l'ancien passage est inexacte. Il s'ouvrait d'un côté sur le boulevard qui avait quarante mètres de largeur. A cette extrémité, les fardiers pouvaient facilement tourner sur la voie publique de manière à entrer droit dans le passage, sans faire de conversion ailleurs que sur le boulevard. A l'autre extrémité, le passage donnait sur un chantier large et profond, dont les dimensions permettaient aux fardiers d'entrer de biais, de déposer les bois et de tourner ensuite pour sortir à vide par le même chemin. Tous ces mouvements s'accomplissaient avec la plus grande facilité. En sera-t-il de même rue Saint-André? Le calcul est bien simple.

Comptons :

1° Longueur des bois (au minimum) . . . . 6 ^{m}

2° Longueur du cheval au repos 2

3° Distance du cheval à l'about de la bille 1

TOTAL . . . . 9 ^{m}

Ainsi, dans une rue de huit mètres, MM. Million, Guiet et Cie, seront obligés de faire tourner des fardiers d'au moins neuf mètres ! Cependant nous n'avons compté ni la volée, ni la manœuvre toujours difficile pour un quart de conversion (car, en démarrant l'on est fatalement placé parallèlement à l'entrée) ; les maladresses, la nécessité de deux chevaux pour monter la rampe que M. Alphand imagine d'établir au milieu de l'usine ; ainsi une petite opération d'arithmétique suffit pour démontrer que le projet de M. Alphand est matériellement impossible.

Si l'issue proposée par M. Alphand ne devait servir qu'au passage des bois, ce projet n'aurait que le tort d'être inexécutable ; mais comme c'est la seule porte charretière qui restera, et que c'est par là aussi que passeront les voitures finies, les propositions de M. Alphand ont bien d'autres inconvénients. Il résulterait de leur adoption un bouleversement complet du mouvement de fabrication.

Une bonne installation industrielle a ses lois, et la première veut que toutes les parties de l'usine soient établies de manière à s'aider mutuellement. Il importe d'installer les professions diverses qui concourent à la fabrication dans un ordre méthodique, afin que l'objet à fabriquer soit successivement façonné par chacune d'elles, sans être obligé de revenir sur lui-même, ce qui entraînerait des pertes de temps. MM. Million, Guiet et Cie se sont conformés à cette loi industrielle. Nous avons vu, en exposant les faits, que la fabrication commence au premier étage sur le boulevard par les travaux de menuiserie ; qu'elle se continue dans les bâtiments latéraux du nord, où se trouvent les forges et les ateliers de charronnage ; qu'elle s'achève dans la salle de garniture, située à l'ouest et dans les ateliers de peinture et de finition, situés sur la rue Saint-André, c'est-à-dire dans les bâtiments latéraux du sud.

M. Alphand conteste la nécessité d'une installation méthodique, pour une industrie de luxe, où le travail à la main joue le plus grand rôle. Singulier raisonnement ! en admettant que cette installation méthodique ne fût pas absolument nécessaire, faudrait-il que MM. Million, Guiet et Cie. fussent privés de celle qu'ils ont établie à grands frais ? En admettant que le travail d'homme puisse remplacer le mouvement qu'économise une bonne installation, est-ce une raison pour nier le dommage que ferait éprouver aux demandeurs le bouleversement du mouvement de fabrication ? N'est-ce donc rien que d'être obligé d'augmenter le travail à la main? Que l'installation méthodique soit ou non nécessaire, peu importe; si elle existe, MM. Million, Guiet et C⁹ ne peuvent pas être privés des avantages qu'elle leur procure.

Il est vrai que M. Alphand, après avoir nié qu'elle fût nécessaire, conteste par allusion l'existence de cette installation méthodique : « Actuellement, dit-il, la » plus grande partie du charronage et de la menuiserie s'exécute à l'étage du » bâtiment en façade sur le boulevard, au point précisément le plus distant » du magasin des bois; de là, les caisses des voitures vont à l'autre extrémité » des ateliers, pour être ferrées, pour passer à la garniture et à la peinture, et » pour revenir encore, afin d'être emmagasinées au dessous du point d'où elles » sont sorties. »

Le charronage ne se fait pas, comme le dit M. Alphand, dans les pièces de l'étage sur le boulevard; c'est la menuiserie seulement, c'est-à-dire la fabrication des caisses qui s'exécute au premier étage; quant au charronage, les ateliers en sont établis tout près du chantier des bois, à l'extrémité nord-ouest de l'usine. Si on a relégué les travaux de menuiserie au premier étage sur le boulevard, c'est à cause de la poussière qu'ils soulèvent. Nous avons déjà dit, en exposant les faits, que les ateliers de menuiserie avaient été établis au dessus du magasin des voitures en blanc, parce que ces dernières, étant encore à l'état brut, n'ont pas à redouter la chute de la poussière. Elle aurait été, au contraire très-dommageable, si les travaux de menuiserie avait été exécutés près des ateliers de garniture, de peinture et de finition. L'éloignement de l'atelier de menuiserie est donc au contraire une preuve nouvelle du soin que MM. Million, Guiet et C⁹ ont mis à installer rationnellement leur usine.

M. Alphand affirme aussi à tort que les voitures reviennent achevées près du point d'où elles étaient parties. Le magasin des voitures achevées (désigné au plan par la lettre H) est éloigné des ateliers de menuiserie d'une assez grande distance pour que la poussière n'envahisse pas des produits prêts à être vendus. Eh bien! on va voir que dans le projet de M. Alphand, au contraire, le magasin des voitures à vendre serait exposé à des inconvénients qui sont incompatibles avec une bonne installation.

13

M. Alphand établit le magasin des voitures à vendre dans le rez-de-chaussée du bâtiment qu'il propose de construire en façade sur le boulevard, à six mètres en contrebas de l'usine. Les voitures finies seraient descendues par un treuil. Au-dessus de ce magasin continueraient à s'exécuter les travaux de menuiserie, comme ils se font aujourd'hui. Cette partie du projet est encore plus impraticable que la première. Aujourd'hui les caisses descendent du premier étage au magasin des voitures en blanc par une trappe. Il n'y a aucun inconvénient à agir ainsi, parce que les voitures sont à l'état brut et si légères qu'elles peuvent aisément se porter à bras d'hommes. Mais peut-on traiter des voitures finies, peintes et garnies, comme des carcasses de bois blanc? Des voitures peintes et garnies, si on veut les livrer fraîches aux acqué-reurs, veulent être maniées délicatement, et ce n'est pas en les mouvant brutalement comme des colis, par des moyens mécaniques, qu'on peut leur conserver le fini qu'exige l'acheteur.

Voilà pour les voitures, mais comment monteront et descendront les chefs et le personnel de l'établissement et cette nombreuse clientèle d'élite qui commande, visite et achète les voitures de luxe? Par un escalier de quarante marches. Le magasin sera éloigné des bureaux et de la loge du concierge qui sont situés rue St-André et qui doivent rester (M. Alphand le reconnaît) au *passage des ouvriers*, Les bureaux et le concierge étant éloignés du magasin de vente, à qui les acheteurs s'adresseront-ils? Il faudrait donc installer sur le boulevard un concierge nouveau et un concierge qui fût assez intelligent pour donner aux acheteurs tous les renseignements désirables ; car, l'acheteur ne voudra monter cet escalier de 40 marches que si, d'après les indications qu'on lui aura données, il est à peu près décidé à conclure le marché. Le magasin ne pourrait donc servir à la destination proposée par M. le tiers-expert qu'avec une augmentation de personnel fort coûteuse, dont M. Alphand ne tient aucun compte.

Il y a plus: ce magasin serait pour un autre motif entièrement impropre à la des-tination que veut lui donner le tiers-expert. Adossé à une muraille de terre de six mètres, il serait dans un état permanent d'humidité; sa température serait constam-ment au-dessous du degré qui est nécessaire pour que la fraîcheur de la marchan-dise se conserve. Il faudrait donc établir un calorifère assez puissant pour chauffer

3,000 mètres cubes d'air. Sans cette précaution coûteuse, les peintures se terniraient le vernis s'écaillerait et le fer se couvrirait de rouille. L'établissement de ce calorifère ne ferait d'ailleurs jamais disparaître l'humidité; plus on élèverait la température plus les voitures auraient à souffrir de la vapeur d'eau.

La proposition de M. Alphand est donc absolument impraticable.

On en jugera mieux, si l'on considère l'ensemble du projet comparativement avec l'ancien état de choses. Avant les travaux, nous avions une usine de niveau dans toutes ses parties avec cinq issues, dont trois sur la rue St-André et les deux autres sur le boulevard; les cinq portes pouvaient donner accès aux voitures et l'une d'elle était affectée au passage des bois. Dans le projet de M. Alphand, nous n'aurons plus qu'une seule porte charretière établie à l'angle sud-ouest; par là passeront les bois et toutes les voitures de la maison; car le magasin sur le boulevard ne peut pas servir pour recevoir les voitures finies. Une issue au lieu de cinq! une issue sur une rampe de 0,045 par mètre, au lieu de cinq issues de plain pied avec la voie publique, voilà ce que le tiers-expert appelle un raccordement qui rétablit les communications coupées.

Si le projet de MM. Guénépin et Alphand est impossible, il en faut conclure que MM. Million, Guiet et Cie n'ont pas d'autre ressource que de démolir entièrement leur usine et de la reconstruire après avoir déblayé leur emplacement en totalité, au niveau du boulevard. Ainsi on est fatalement ramené à l'avis de M. Olive, l'un des experts.

Nous pouvons invoquer à cet égard la double autorité de M. le ministre des travaux publics et du Conseil d'Etat; M. le ministre, appelé à donner son avis dans une affaire intéressant le chemin de fer de l'Est et un sieur Prieur, s'exprime ainsi : *La jurisprudence du Conseil d'Etat a établi avec raison qu'il y a dommage direct et matériel toutes les fois que, par suite de l'exécution de travaux publics, l'accès à une propriété n'est pas rétabli dans des conditions de viabilité analogues à celles dont cette propriété jouissait avant la modification de l'état des lieux.* Un arrêt conforme à ces principes a été rendu par le Conseil d'Etat, le 13 janvier 1859 (1).

____

(1) Recueil des arrêts du Conseil, 1859, p. 34.

Or, encore une fois, si le dommage existe lorsque la propriété n'est pas rétablie dans des conditions de viabilité analogues à celle dont elle jouissait auparavant, est-il contestable que le seul moyen de réparer le dommage soit de rétablir ces mêmes conditions d'accès et de viabilité? Et peut-on dire que l'usine Million, placée à six mètres en contre-haut des rues avoisinantes, sans possibilité pour les propriétaires d'ouvrir des portes sur ces rues, avec une double rampe intérieure, soit remise au même et semblable état qu'auparavant? N'est-il pas évident que le seul moyen de replacer l'usine dans les conditions d'accès et de viabilité antérieures, c'est de rétablir la concordance du sol de l'usine avec celui des voies publiques?

C'est donc en partant de l'obligation d'une reconstruction totale qu'il faut évaluer l'indemnité due aux demandeurs.

Le tiers expert pense que les travaux de raccordement à exécuter, suivant son projet, ne s'élèveront qu'à 195,000 fr.

Nous allons démontrer que les propositions de M. Alphand (en admettant que leur application fût praticable) ne pourraient pas être achevées avec la somme qu'il indique. Nous terminerons en prouvant que, dans tous les cas, il n'y a rien à déduire pour plus-value.

1° FORCEMENT DE LA DÉPENSE.

Le corps de bâtiment en façade sur le boulevard, même en employant les vieux matériaux, coûterait au moins 125 fr. par mètre. Or, M. Alphand ne compte que 100 fr. La différence de 25 fr. par mètre sur une surface de 473ᵐ 40 donne un excédant de dépense de . . .   11,835

L'escalier porté en bloc à 1,000, ne pourrait être convenablement établi qu'en saillie du bâtiment et dans la cour; il devrait être en pierres, convenable de dimension, avec les murs de jouées soutenant en même temps les terres, faits en matériaux ravalés, le tout abrité par une construction légère, faisant saillie sur la cour. L'escalier dans ces conditions coûterait 5,000 fr. soit une différence de   4,000

A reporter   15,835

<table>
<tr><td>Report. . . . .</td><td>15,835</td></tr>
</table>

Deux surfaces de planchers (bitumés ou autrement) sont à compter, au lieu d'une, soit un supplément de. **2,875**

Supplément pour les peintures et vitreries. 1,000

Le corps de bâtiment des plaqueurs élevé d'un rez-de-chaussée et d'un premier étage pour habitation avec 96 mètres de surface est estimée pour démolition et reconstruction à 40 fr. le mètre par le le tiers-expert; il doit être porté à 125 fr. (voir les plans et l'état des lieux annexés au rapport de M. Olive), d'où une différence en plus de. 8,160

La cour des bois contient 992 mètres de superficie et non 606 comme le dit M. le tiers-expert, d'où une augmentation de dépenses pour le déblai de. 1,544

Les murs de soutènement, alors même qu'ils seraient construits entièrement en vieux matériaux, coûteront 18 fr. le mètre cube, au lieu de 14 fr., prix porté par le tiers-expert, donc en plus 704

Il n'est rien compté dans la cour des bois pour fouilles et construction des caves, soutes à charbon; en plus. 3,000

Enfin le chiffre de 14,000 fr. admis par le tiers-expert pour imprévisions, est évidemment insuffisant. Les travaux prévus sont si considérables, si difficiles, que cet article doit être grevé d'un supplément de 30,000

Les travaux d'étaiement des murs de soutènement, de l'atelier de charronage, de la salle de garnitures, du logement des directeurs ainsi que des murs opposés, doivent être augmentés d'une somme de. 3,000

En tout un supplément de dépenses de. 66,118

qui, ajoutés au chiffre principal de. 195,000

feraient monter la dépense réelle à. 261,118

A reporter 261,118

Report 261,118

Il ne s'agit là que des dépenses pour travaux de raccordement. M. Alphand n'alloue rien pour chômage, frais de déplacement, perte de clientèle, en un mot pour tout ce qui concerne l'indemnité industrielle. Il a d'abord découvert que l'importance des affaires de la société Million, Guiet et Cⁱᵉ a ressenti le contre-coup de la guerre d'Amérique, et que le chiffre des bénéfices a beaucoup baissé. N'est-ce pas singulièrement raisonner que de prendre occasion d'un accident d'industrie pour écraser l'industriel qui en souffre et se dispenser de lui payer le préjudice qu'on lui cause? M. Alphand n'ignore cependant pas que cet accident peut prendre fin d'un moment à l'autre, et que par une réaction (comme il en arrive fréquemment dans le commerce et l'industrie) la reprise des affaires peut être en raison directe de l'intensité du chômage. Si la reprise se déclare au milieu de l'exécution des travaux, la société Million, Guiet et Cⁱᵉ ne pourra pas en profiter. Ces prévisions se réalisant, les demandeurs auraient supporté les mauvais jours, sans profiter des temps plus prospères. Ajoutera-t-on encore à cette double calamité le refus d'une juste indemnité?

Il est vrai que, d'après le tiers-expert, la fabrication pourra continuer pendant l'exécution des travaux.

Le contraire est évident. Du côté de la rue Saint-André, d'un bout à l'autre de l'usine, les ateliers seront envahis par les étais. Sur le boulevard, le bâtiment tout entier sera démoli pour être reconstruit. Enfin, dans l'intérieur même de l'usine, des déblais considérables seront effectués dans le chantier des bois; la double rampe dont il a été parlé plus haut absorbera une partie de l'espace et à peu près tout le chantier des bois. Tous ces travaux sont de la catégorie des gros travaux; ils envahiront pendant plus de six mois la presque totalité de l'établissement, tiendront supprimé pendant tout ce temps l'accès du dehors,

A reporter 261,118

Report   261,118

embarrasseront les communications intérieures, quand ils ne seront pas une cause d'obstruction complète, et amèneront au sein même de l'usine une foule d'ouvriers étrangers à la carrosserie. Faut-il parler de la poussière provenant des démolitions, des déblais, du maniement des matériaux? Si l'on songe aux précautions qu'exige la carrosserie de luxe, soutiendra-t-on que la fabrication pourra continuer dans de semblables conditions? Ainsi que nous l'avons déjà dit, la fabrication, telle qu'elle se fait dans cette usine, se compose de plusieurs parties qui forment un tout indivisible. Si l'une des opérations devient impossible, tout est arrêté. Pendant qu'on reconstruira le bâtiment en façade sur le boulevard, où fabriquera-t-on les caisses de voiture? Si les travaux de menuiserie sont forcément suspendus, il sera impossible de continuer à fabriquer, et les forges s'éteindront faute d'objets à ferrer. Tous les autres ateliers seront nécessairement fermés. Il faut donc allouer aux demandeurs une indemnité industrielle, et, conformément aux propositions de M. Olive, leur donner de ce chef une somme de   456,000

A cette somme, il faudrait ajouter encore :

1° La dépréciation résultant de l'aveu même du tiers-expert « de la » gêne fixe apportée à l'établissement par une rampe d'accès de quatre » centimètres et demi par mètre, venant diminuer la superficie de » l'atelier de garniture. » Si M. Alphand compensait cette gêne fixe et celle résultant temporairement de l'exécution des travaux avec une prétendue déduction de fr. 74,000 pour plus-value, nous pouvons, sans être taxés d'exagération, l'évaluer à 40,000 fr., ci.   40,000

2° La dépréciation résultant de la différence de niveau existant entre le magasin du boulevard et le surplus de l'usine, de la nécessité où seraient les industriels d'installer dans ce magasin un homme spécial, des dangers d'avarie résultant de la nécessité de descendre par

A reporter.   757,118

Report 757,118

un treuil les voitures finies; de la main-d'œuvre supplémentaire; d'un
calorifère chauffant 3,000 mètres cubes d'air, etc.; soit, sur une
moyenne de quinze années, à raison de f. 7,000 par année, un total de   105,000

Toutes ces sommes réunies forment le total de 862,118

Ainsi, par le forcement des dépenses, nous arriverons à peu près au même chiffre
que M. Olive proposait d'allouer pour démolition et reconstruction de l'usine. A
somme égale ou presque égale, le projet de M. Olive est évidemment préférable,
parce qu'il a le mérite de la simplicité et qu'il conduit à une réparation complète du
préjudice de la manière la plus certaine.

2° DE LA PLUS-VALUE.

Le tiers-expert a proposé de compenser la plus-value avec la gêne apportée à la
fabrication par l'exécution des travaux; nous venons de prouver que cette gêne re-
connue et avouée par le tiers-expert équivaudrait à l'impossibilité absolue de continuer
la fabrication. Il nous reste à démontrer sur la question spéciale de plus-value.

1° Que la loi n'admet dans aucune de ses dispositions la compensation de la
plus-value avec le dommage direct et matériel;

2° Qu'en tout cas la compensation ne peut s'établir qu'entre le dommage direct
et matériel et une plus-value directe, ce qui n'a pas lieu dans cette affaire;

3° Qu'enfin la compensation ne devrait être accordée que jusqu'à concurrence
de moitié de la plus-value.

Nous ne nous dissimulons pas que, sur la première et la troisième propositions,
notre démonstration est en contradiction avec une jurisprudence fréquemment
répétée du Conseil d'Etat (1); mais la loi est au-dessus de la jurisprudence, et c'est
le droit perpétuel des parties de réclamer contre les interprétations qu'elles

(1) Arrêts des 27 janvier 1853, 26 août 1858, 22 décembre 1859, 10 mai 1860 et 12 décembre 1860.

jugent être inexactes. La compensation de la plus-value avec l'indemnité n'est écrite que dans la loi du 3 mai 1841, art. 51, sur l'expropriation pour cause d'utilité publique : « Si l'exécution des travaux, y est-il dit, doit procurer une augmentation » de valeur immédiate et spéciale au restant de la propriété, cette augmentation » sera prise en considération dans l'évaluation du montant de l'indemnité. »

Mais la loi du 3 mai 1841 ne s'applique qu'à l'expropriation, et elle n'a confié qu'au jury l'application du principe de la compensation. Or, en matière de dommage direct etmatériel, nous sommes régis par la loi du 16 septembre 1807 combinée avec celle du 28 pluviôse an VIII. Ce n'est pas le jury qui est compétent, mais le conseil de préfecture. Il est impossible de voir dans la loi de 1841, faite une trentaine d'années après, une interprétation de la loi de 1807. Quant au Conseil de préfecture, nous sommes convaincus qu'il appliquerait la compensation avec autant de discernement que le jury; nous disons seulement que la loi ne lui a pas conféré les mêmes pouvoirs. Quand il s'est agi de prononcer sur la question de compétence, le Conseil d'Etat a décidé que la loi du 3 mai 1841 ne s'appliquait pas au dommage direct et matériel; pourquoi l'art. 51 de cette loi s'appliquerait-il tout seul lorsqu'on rejette les autres? C'est vouloir et ne vouloir pas.

La dette de la plus-value est écrite dans l'art. 30 de la loi du 16 septembre 1807, elle s'applique à tout le monde, même à ceux qui n'ont aucune indemnité à réclamer pour dommage direct et matériel. Seulement, elle est soumise à certaines conditions qui font défaut dans l'espèce. Il faut, en effet, d'après l'art. 32 de la loi du 16 septembre 1807, que par un règlement d'administration publique le gouvernement ait décidé que les art. 30 et 31 seraient applicables.

Lorsque le règlement d'administration publique a été rendu (ce qui ne se trouve pas dans notre affaire), l'on ne peut demander aux propriétaires que la moitié de la plus-value. Encore faut-il qu'une commission de sept membres, nommée par décret impérial, ait fixé la valeur des bâtiments avant et après les travaux. Rien de tout cela ne se produit ici, puisque jamais aucune commission spéciale n'a été nommée. Nonobstant l'art. 31, on nous oppose la compensation pour la totalité de la plus-value. Serait-il juste que les uns contribuassent jusqu'à concurrence de moitié seulement, tandis que les autres contribueraient pour le tout, par voie de déduction?

Payer par compensation, c'est toujours payer, et ce serait une singulière justice distributive que celle qui grèverait les uns de la totalité et les autres de moitié seulement. Quelle incohérence! Lorsque les garanties créés par la loi du 16 septembre 1807 n'ont pas manqué aux parties, on ne peut les forcer à contribuer que pour moitié de la plus-value. Lorsqu'au contraire ces garanties sont absentes on les ferait contribuer pour le tout, sous le prétexte singulier qu'elles paient par compensation.

Les lois de 1841 et de 1807 ne contiennent donc pas le principe de la compensation en matière de dommage direct et matériel; l'une n'est pas applicable et l'autre ne s'applique qu'à certaines conditions qui font défaut dans notre affaire.

S'appuiera-t-on sur l'équité? Cela pourrait être, si la loi ne s'était pas occupée de la matière; mais les art. 30, 31 et 32 de ce qu'on a appelé le *Code des travaux publics* (loi du 16 septembre 1807) ont subordonné la contribution pour plus-value à des conditions nombreuses et parfaitement déterminées. Ce serait s'écarter de la pensée du législateur que de substituer à ces règles écrites la lumière souvent incertaine de l'esprit d'équité. On a dit que le Conseil d'Etat, comme le préteur ancien, complète la loi par sa Jurisprudence. Mais les pouvoirs du Conseil sont dominés par la loi. Il ne peut pas la corriger, comme le faisait l'édit du préteur et se serait corriger l'œuvre du législateur que d'appliquer ses dispositions en dehors des conditions qu'il a fixées. Corriger et contredire est autre chose que compléter.

Il ne faut pas s'étonner, d'après les motifs qui précèdent, que le *Conseil des Bâtiments civils* ait, en 1858, émis un avis contraire à la doctrine du Conseil d'Etat. Il s'agissait d'une affaire entre la ville de Paris et un sieur Moreaux, propriétaire d'une maison, située rue Vieille-du-Temple. « Il ne serait pas juste, disait le Con-
» seil des bâtiments civils, que l'administration municipale fît payer à un proprié-
» taire en particulier les avantages qui résultent pour lui des travaux qu'elle
» exécute dans un intérêt général. Ferait-on payer une cotisation quelconque à un
» propriétaire voisin dans la même position que M. Moreaux, et profitant comme
» lui du prolongement de la rue de Rivoli, mais qui n'aurait pas eu de travaux à
» effectuer et, par conséquent, ne réclamerait pas d'indemnité? Ou bien, si la plus-
» value des travaux exécutés par la Ville était supérieure à la dépense que le pro-

» priétaire aurait été obligé de faire par suite des travaux de la Ville, lui ferait-on
» verser la différence à la Caisse municipale.

» Selon nous, l'administration n'a pas le droit de faire contribuer personnelle-
» ment un propriétaire quelconque dans la dépense des travaux exécutés par elle au
» profit de tous. Or, retenir M. Moreaux une partie de la somme qu'on reconnait lui
» devoir, c'est le faire payer. Nous pensons donc que l'indemmité qui lui est due
» pour les travaux qu'il a été obligé d'exécuter dans sa maison ne doit subir aucune
» défalcation. (1) »

La doctrine du conseil des Bâtiments civils est soutenue par M. Christophle
(*Traité des travaux publics*, t. II, p. 384 et suivantes).

Quoi qu'il en soit de ces propositions, nous nous attachons surtout à la
deuxième, que nous pouvons appuyer sur la jurisprudence du Conseil d'Etat. Si la
compensation doit avoir lieu, elle ne doit se produire qu'entre le dommage direct
et matériel et une plus-value directe et matérielle. En d'autres termes, la compensation ne peut se faire qu'entre des valeurs analogues. C'est ce qu'a exprimé, avec
un grand bonheur de forme, M. Robert, commissaire du gouvernement, dans ses
conclusions sur les affaires *Berger* et *de la Grange*, tranchées par décrets des 7 et
8 mai 1861.

« Il faut, disait-il, que la plus-value opposée à une demande en indemnité
» pour dommage direct et matériel résulte directement des travaux qui causent le
» dommage Il y a une corrélation nécessaire entre le dommage direct et matériel et
» une plus-value directe et matérielle. On ne peut compenser un dommage direct
» et matériel avec une plus-value indirecte. » Et plus loin : « Quelle est la plus-
» value qu'on oppose ? Une plus-value indirecte, la transformation du quartier, les
» travaux généraux de voirie qui attirent la population et augmentent la valeur de
» l'immeuble. Mais les dommages indirects ne donnent pas droit à indemnité ; les
» plus-values indirectes ne doivent pas enlever le droit à indemnité résultant d'un
» dommage direct. »

(1) Lebon, 1858, p. 657. En note l'avis du conseil des Bâtiments civils. Le Conseil d'Etat, dans l'arrêt du 18 novembre
1858, qui a été rendu dans cette affaire, s'est borné à décider *en fait* qu'il n'y avait pas plus-value.

La doctrine de M. Robert n est pas développée dans les motifs de l'arrêt du Conseil d'Etat; mais les conclusions du commissaire furent adoptées, et on peut en conclure que les principes exposés par M. Robert furent approuvés par le Conseil d'Etat. Si les considérants n'en portent pas trace, cela tient à l'habitude qu'a le Conseil d'Etat de motiver ses arrêts avec une extrême sobriété.

Or, d'où résulte la plus-value qu'on oppose à MM. Million, Guiet et Cie? Précisément des travaux généraux qui profitent à tout le quartier et qui augmentent la valeur de tous les immeubles situés sur le boulevard ou dans le voisinage. Comme dans l'affaire dont s'occupait M. Robert, il s'agit ici d'une plus-value indirecte et on ne peut pas la compenser avec un dommage direct. La plus-value alléguée par MM. Guénepin et Alphand ne porte que sur la valeur vénale du terrain à tant le mètre. Il s'en faut donc de beaucoup que la plus-value *soit immédiate*, comme dit l'art. 51 de la loi du 3 mai 1841. MM. Million, Guiet et Cie ne s'en ressentiront que le jour où leur usine sera détruite et où le terrain sera vendu pour construction. Or, l'usine existe, et s'il plaît à Dieu, existera longtemps encore. Ainsi, la plus-value n'étant ni directe, ni immédiate, toute imputation sur l'indemnité serait contraire à la loi et à la jurisprudence.

En fait, d'ailleurs, le tiers-expert a considérablement exagéré la plus-value. Il part de ce principe que les terrains de façade sur le boulevard valaient f. 60 le mètre avant les travaux; il les évalue aujourd'hui à f. 120, en tenant compte, dit le procès-verbal, de cette circonstance que l'augmentation reste à l'état de capital mort tant que l'usine subsistera. Enfin le tiers-expert fait porter la plus-value sur une profondeur de 30 mètres, c'est-à-dire sur une surface de 1,605 mètres. Multipliée par 60, ce chiffre de superficie donnerait une plus-value de f. 96,000 environ : mais M. Alphand en déduit f. 22,000 pour frais de déblais, ce qui réduit la plus-value à f. 74,000. Il est vrai qu'en 1857 et 1859 les terrains ont été achetés à M. Tardu à f. 60 pour le terrain de façade et f. 65 pour le terrain de fond de la rue Saint-André. Mais l'administration de l'enregistrement a élevé une réclamation et a forcé MM. Million, Guiet et Cie à payer les droits de mutation sur le pied de f. 80 par mètre, chiffre qu'elle indiquait comme étant le minimum de la valeur du terrain à cette époque. Si on ajoute à ce prix minimum l'augmentation résultant des frais de contrat, on arrive au prix de f. 88

par mètre au moment de l'achat; or, entre l'acquisition des terrains et le commence-
ment des travaux, il s'est écoulé près de cinq ans, et il n'y a aucune exagération à dire
que des terrains valant en 1858 f. 88 le mètre, avaient, en 1862, une valeur de f. 103
par le progrès naturel des choses et indépendamment des travaux de voirie exécutés
dans le quartier. N'oublions pas, en effet, qu'il ne s'agit pas ici d'une voie nouvelle,
percée à travers un terrain sans issue, mais de l'abaissement d'une voie existante.
Pour l'époque où les travaux seront achevés, on peut estimer le terrain environ de
f. 140 à f. 150 le mètre. Nous ne contestons pas qu'il y ait une plus-value, mais nous
soutenons qu'en fait on l'exagère singulièrement ; qu'au lieu d'être de f. 120 le mètre,
elle n'est que de la différence entre f. 130 et f. 140 ou f. 150, et qu'en droit, c'est
une plus-value indirecte, dont la compensation avec le dommage direct et matériel
est impossible.

En résumé, sur la deuxième partie :

1° Le dommage éprouvé par M. Million, Guiet et Cie est *direct* et *matériel* de
l'aveu même du tiers expert, qui est d'avis d'accorder une indemnité, si la fin de
non-recevoir tirée de l'arrêté du 8 décembre 1858 est repoussée.

2° Le projet de M. Alphand est inexécutable parce que la rue Saint-André, n'ayant
qu'une largeur de 8 mètres, ne pourra pas suffire à la conversion de fardiers de bois
ayant au moins 9 mètres de longueur. D'un autre côté, le magasin de vente établi au
rez-de-chaussée sur le boulevard serait dans des conditions de température et d'humidité qui le rendraient impropre au dépôt de voitures de luxe. Enfin la division de
l'usine en deux parties, dont l'une en contrebas de 6 mètres, troublerait le mouvement de fabrication et augmenterait les frais de personnel.

3° En admettant que l'exécution de ce projet fût possible, l'indemnité que propose d'allouer M. Alphand est complétement insuffisante. Au lieu de 195,000 fr., les
travaux de raccordement en coûteraient au moins 260,000.

4° M. Alphand a tort de ne pas accorder l'indemnité industrielle et de la compenser avec la plus-value. La plus-value, étant indirecte et non immédiate, ne peut
pas être défalquée d'une indemnité pour dommage direct et matériel. Il faut donc
allouer aux demandeurs l'indemnité industrielle que M. Olive estime à fr. 456,000.

5° **A** ces sommes il faudrait ajouter :

> *a.* Fr. 40,000, pour dépréciation de l'usine, résultant de la gêne fixe
> que causerait l'inégalité de niveau ;
> *b.* Fr. 105,000, pour augmentation de frais de personnel et de chauf-
> fage, à raison de fr. 7,000, pendant quinze ans, durée normale
> des entreprises industrielles.

6° Il résulte de ce qui précède, que le seul parti à prendre est de démolir l'usine, de déblayer au niveau du nouveau boulevard et de reconstruire. C'est en partant de là que doit être évaluée l'indemnité réclamée par MM. Million, Guiet et Cⁱᵉ.

Par ces motifs, MM. Million, Guiet et Cⁱᵉ concluent à ce qu'il plaise au Conseil de préfecture, sans s'arrêter à la fin de non-recevoir tirée de l'arrêté du 8 décembre 1858, condamner la ville de Paris à leur payer la somme de fr. 904,948 et les intérêts depuis le 24 juin 1861 ; le tout avec dépens.

Paris, le 5 octobre 1863.

C. Benoist,
Avoué de première instance.

A. Batbie,
Avocat à la Cour impériale.

Usine de Carrosserie

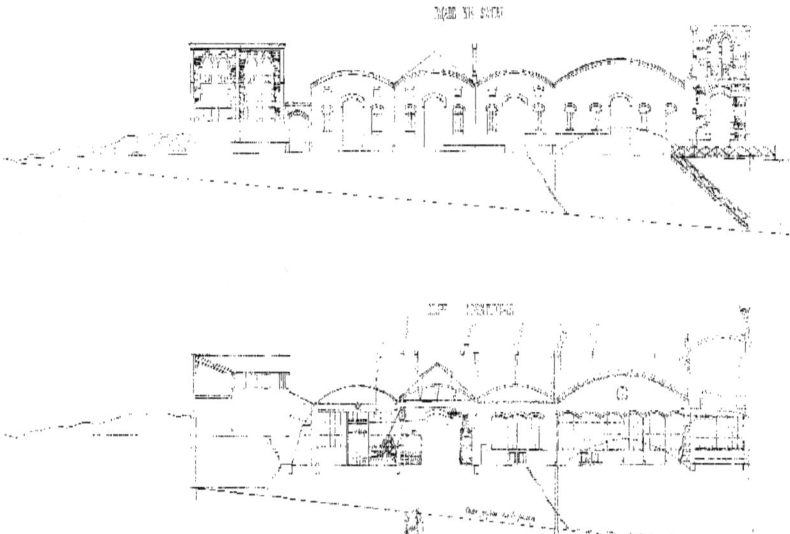

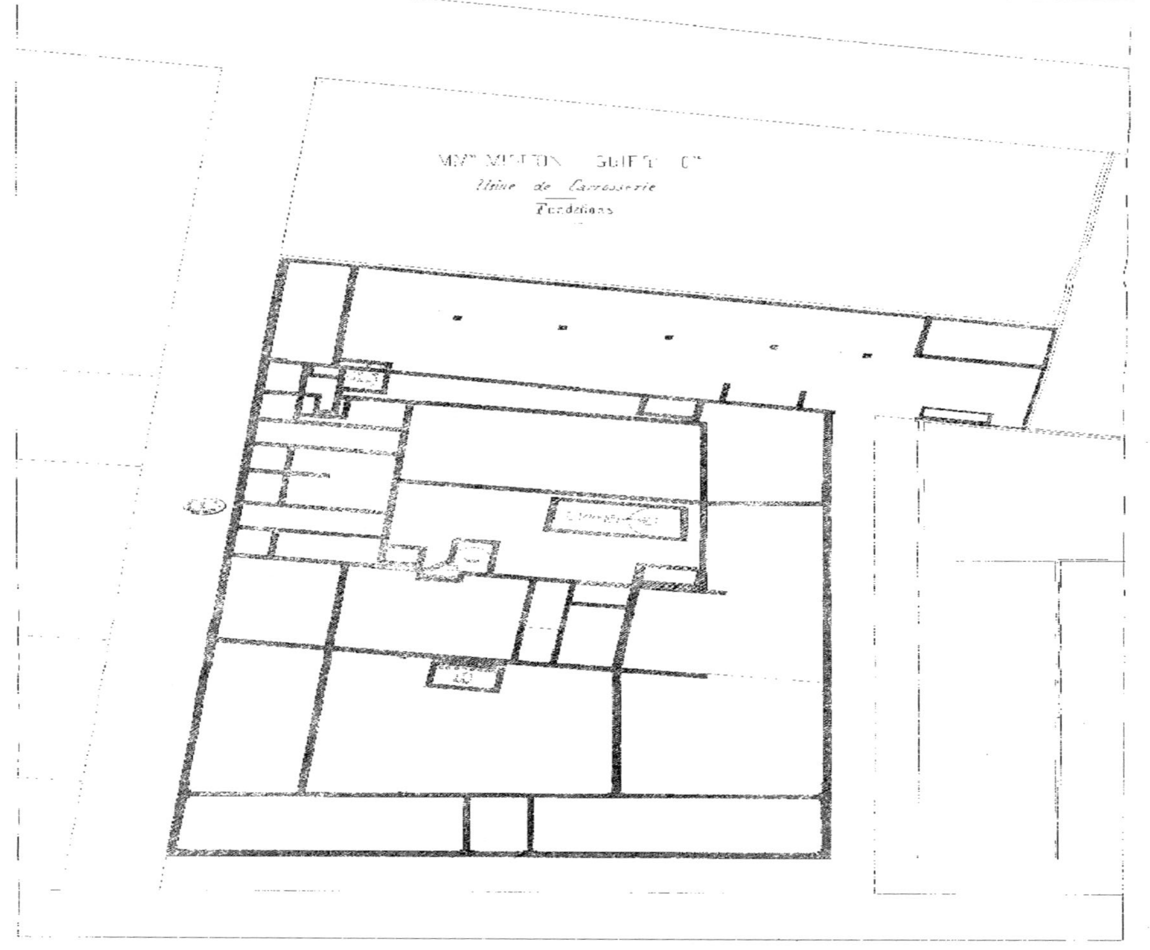

MM MILLION GUIET C
Usine de Carrosserie
Fondations

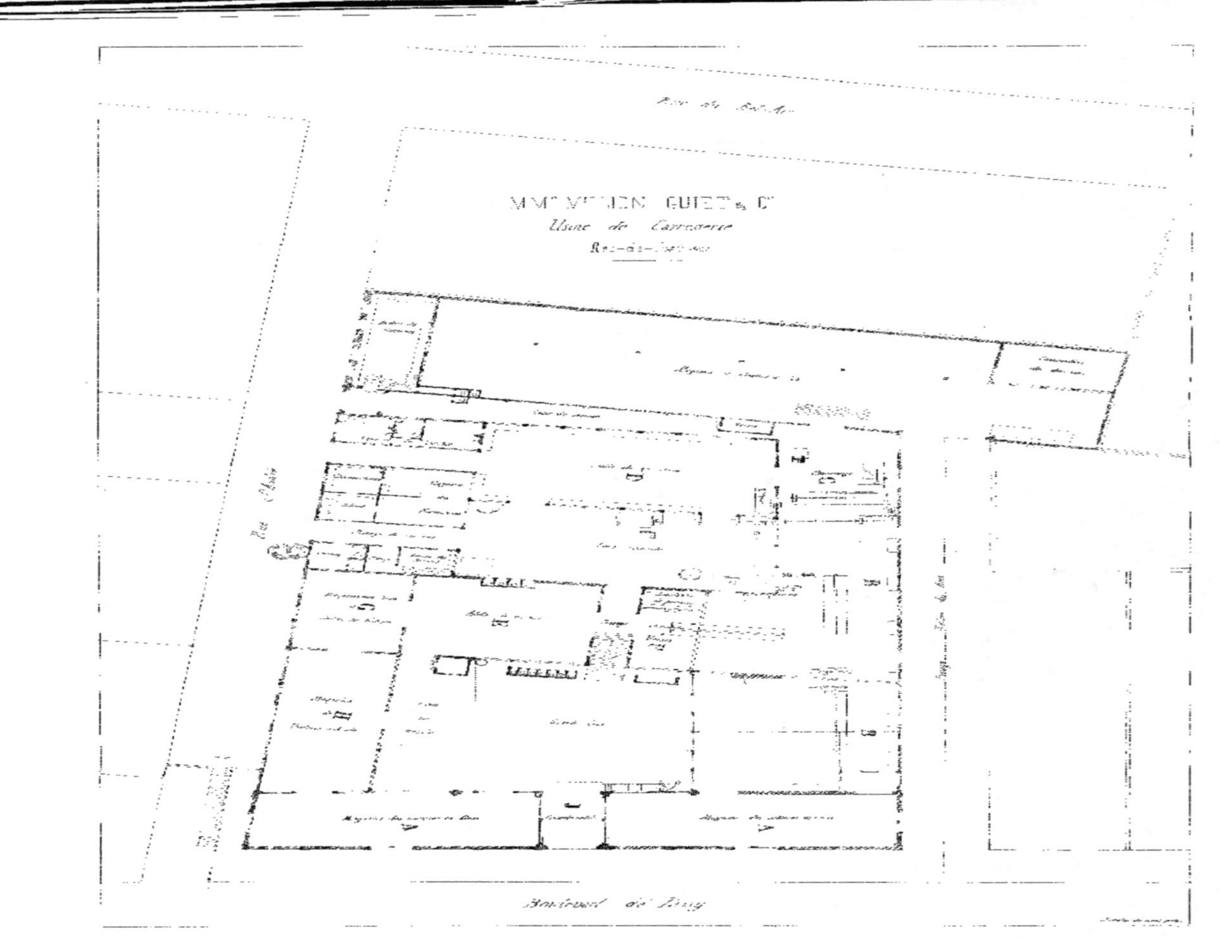

MM. VILLIEN GUIET & C
Usine de Carrosserie
Rez-de-Chaussée
Rue du Bel Air
Rue d'André
Boulevard de Pary

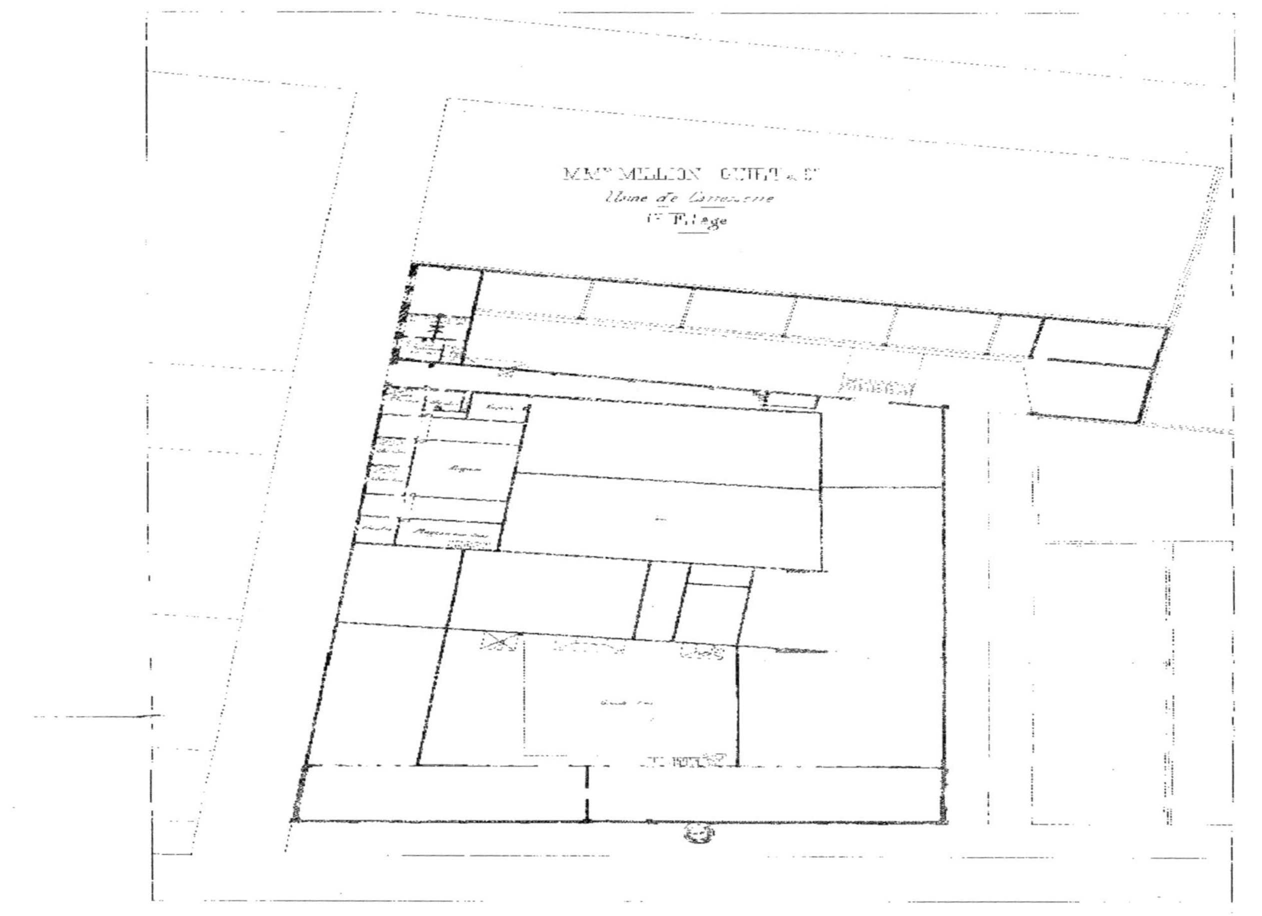

MM. MILLION GUIET & Cie
Usine de Levallois
1er Étage